U0936840

珍藏本·增订本

纪念版

汉译世界学术名著丛书

黄金与美元危机

自由兑换的未来

〔美〕罗伯特·特里芬　著

陈尚霖　雷达　译

Robert Triffin
GOLD AND THE DOLLAR CRISIS
The Future of Convertibility

Originally published by Yale University Press
本书根据耶鲁大学出版社 1961 年版译出

汉译世界学术名著丛书
（120 年纪念版·珍藏本）
增订本出版说明

2017 年 10 月，为纪念商务印书馆创立 120 周年，本馆推出"汉译世界学术名著丛书"（120 年纪念版·珍藏本），计七百种。近五六年来，仰赖学界同人倾力支持，订正旧译，增补新译，拓展新著，积累日多。为满足读者需要，本馆在七百种的基础上，继续推出"汉译世界学术名著丛书"（120 年纪念版·珍藏本·增订本）三百种。至此，"汉译世界学术名著丛书"累计出版已达千种。

今后，本馆将继续推进丛书的翻译出版工作，在积累单本名著的基础上陆续分辑刊行，汇印出版。为促进中外文明互鉴、推动我国学术发展，使"汉译世界学术名著丛书"这项对我国学术文化有基本建设意义的重大工程发挥更大作用，诚望海内外学术界、翻译界继续给予支持，帮助我们把这套丛书出得更好。

商务印书馆编辑部

2024 年 2 月

汉译世界学术名著丛书
（120 年纪念版·珍藏本）
出 版 说 明

2017 年 2 月 11 日，商务印书馆迎来 120 岁的生日。120 年前，商务印书馆前贤怀揣文化救国的理想，抱持“昌明教育，开启民智”的使命，立足本土，放眼寰宇，以出版为津梁，沟通中西，为中国、为世界提供最富智慧的思想文化成果。无论世事白云苍狗，潮流左右激荡，甚至战火硝烟弥漫，始终践行学术报国之志，无改初心。

迻译世界各国学术名著，即其一端。早在 20 世纪初年便出版《原富》《天演论》等影响至今的代表性著作，1950 年代后更致力于外国哲学和社会科学经典的译介，及至 1980 年代，辑为“汉译世界学术名著丛书”，汇涓为流，蔚为大观。丛书自 1981 年开始出版，历时三十余年，迄今已推出七百种，是我国现代出版史上规模最大、最为重要的学术翻译工程。

丛书所选之书，立场观点不囿于一派，学科领域不限于一门，皆为文明开启以来，各时代、各国家、各民族的思想与文化精粹，代表着人类已经到达过的精神境界。丛书系统译介世界学术经典，引领时代思想，为本土原创学术的发展提供丰富的文化滋养，为推动中国现代学术和现代化进程做出了突出的贡献。

为纪念商务印书馆成立120周年，我们整体推出“汉译世界学术名著丛书”120年纪念版的珍藏本，寄望既利于文化积累，又便于研读查考，同时向长期支持丛书出版的译者、编者和读者致以敬意。

两甲子后的今天，商务印书馆又站在了一个新的历史时间节点上。我们不仅要铭记先辈的身影和足迹，更须让我们的步伐充满新的时代精神。这是商务人代代相传的事业，更是与国家和民族的命运始终紧密相连的事业。我们责无旁贷，必须做好我们这代人的传承与创造，让我们的努力和成果不仅凝聚成民族文化的记忆，还能成为后来人可以接续的事业。唯此，才能不负前贤，无愧来者。

商务印书馆编辑部

2017年10月

译 者 前 言

经济学家的勇气在于不怕世界形势的瞬息万变会使自己的学术观点很快成为陈词滥调。经济学家的未来在于不幸言中了众人所不愿看到的经济发展的势态。这么多年过去了,《黄金与美元危机》一书中的预测言中了什么？书中勾画的方案实施了多少？国际货币体系以何种制度为最佳方案？人们仍在关心着、议论着、思考着。

一

罗伯特·特里芬(Robert Triffin)是耶鲁大学政治学教授,美国著名的国际经济与金融专家,他曾与美国联邦储备局管理委员会、国际货币基金组织欧洲合作管理局、经济顾问委员会、拉丁美洲经济委员会及联合国等机构有密切联系。本书是特里芬的代表作。书中所阐述的有关改革国际货币基金组织(IMF)的设想被称作为“特里芬计划”,在美国政界、经济学界及西方新闻媒介引起反响。1961 年,“特里芬计划”的主要内容被收入肯尼迪总统的“黄金和国际收支咨文”;稍后,国际货币基金组织和西方一些国家的政府也着手研究“特里芬计划”的实用性;1972 年,当美元与黄金脱钩时，尼克松总统在周末电视演讲中，几乎是原封不动地引用了特里芬书中的原话——“美国再不能自缚双手参与国际竞争了”。可见，特里芬所著的《黄金与美元危机》一书的影响是如此之大，足以堪称西方国际金融领域的一个里程碑。除此之外，特里芬所著的《巴拉圭货币与银行业改革》（1946 年）、《欧洲与货币泥沼》（1957 年）等著作，在西方也有很大影响。

二

黄金危机应该说是在 1929 年—1931 年资本主义世界的经济危机中已经发生；而真正意义上的美元危机，即指以美元为中心的布雷顿森林体系的崩溃，发生在 20 世纪 70 年代初期。特里芬在书中着重分析的是战后国际金融体系的弊端之所在。

1929 年—1931 年大危机后，以“英镑 - 黄金”为基础的金本位制崩溃之后，国际金融体系处于十分混乱的状态。第二次世界大战结束之后，美、英等国便着手重建国际金融体制，其目的在于推动多边贸易的发展，促使各国放弃贸易的数量管制及对资本流动的限制。第二次世界大战之后，由于美国的经济实力居世界之首，西欧诸国希望从美国得到大量的美元援助，因此，在 1944 年前后，通过了以美国财政部助理哈里·德克斯特·怀特提出的“联合国外汇稳定基金”方案为基础的《国际货币基金组织协定》。这一《协定》的通过，标志着以美元为中心的国际金融体制的出现。

布雷顿森林体系，在其出现的最初的十余年中运行状况良好，20 世纪 50 年代的国际金融，基本上按基金组织的轨道运转，以美元为核心的国际货币，在工业国家中，除法国、加拿大等少数国家出现汇率波动或货币贬值外，基本上是比较稳定的。基金组织遵循布雷顿森林协定所规定的宗旨，促进了国际贸易和资本流动的自由化。1948 年—1949 年、1953 年—1954 年和 1957 年—1958 年的几次资本主义经济危机，在国际金融领域内，都比较平稳地度过了。

然而，以美元为中心的布雷顿森林体系从一开始建立就存在着严重的缺陷。因为，这一体系从一开始就把黄金和美元作为国际储备，各国中央银行对黄金和美元的储备水平直接关系到各国政府对国际收支的调节能力，然而，黄金和美元的供给情况如何呢？随着国际贸易的扩展，货币用黄金的数量已不可能给各国提供足够的国际支付能力，这在第二次世界大战期间的金融实践中已被反复证明，各国在储备黄金的同时必然要储备一定量的外汇以作为储备资产，这种被视作与黄金具有同等作用的外汇，在 1929 年—1931 年之前，主要由英镑来承担，而在布雷顿森林体系中却已改由美元来承担。美元被其他国家作为储备资产积累起来，以作为调节国际收支波动的手段，这要以美国的国际收支逆差为前提，只有美国的国际收支状况不断恶化、储备资产不断减少，才有可能向其他国家提供美元。然而美国国际收支的恶化、储备资产的减少又会动摇美元币值的稳定，最终影响国际货币制度的稳定。用国际货币体系中核心国的货币来作为国际储备手段的这一缺陷，尽管今天看来已成为国际金融的基本常识，但特里芬却是早在 20 世纪 50 年代末就做了详细独到的分析，而那时，在布雷顿森林体系的运作中只是出现了美国国际收支不平衡的恶化现象，

离其崩溃尚有十余年的时间。

三

对战后国际货币体系的担忧，在 1958 年后是美国及国际金融领域普遍关注的问题，对这一问题，特里芬的分析主要有两大特点：

第一，尽管战后建立的布雷顿森林体系在 1958 年前后出现了种种问题，但是作者并没有把问题的实质归咎于固定汇率制度，因而，也不把回复“自由浮动汇率”制度作为是解决问题的重要手段。作者认为，在战后的环境中，各国货币大都已是信用货币，因而浮动汇率的基础已不复存在，若回复到完全自由的浮动汇率制度，必然出现各国竞相贬值本币的现象，汇率的剧烈波动，会阻碍世界贸易的发展和资本的国际流动。这种现象与 1913 年前后，以英镑为核心的国际货币体系崩溃时的现象完全一样的。因此，作者在第一篇中严肃地告诫“不记住过去的人必定会重复过去”。

第二，拿战前与战后相比，当一国出现国际收支逆差时，战前可以用国内成本与就业调整的手段来进行调整，而战后则不同，各国在普遍实行了凯恩斯主义的国家干预政策之后，很难用牺牲国内经济目标的手段来实现外部平衡，因而，就一国而言，可能采用的国际收支调节手段就只能是贸易和资本的数量限制，这对整体的资本主义世界经济的发展是极其不利的。特里芬在这里的分析，实际上已涉及了经济学领域中的两个理论问题：其一是一国国

内经济政策目标与外部经济目标之间的协调;其二是开放经济中各国宏观经济政策的协调。而在西方,这两个问题是在1985年前后才被逐步重视起来。为此,西方学者也把特里芬视为是研究"国际经济政策协调"的先驱。

从上述内容来看,特里芬的分析具有很明显的凯恩斯主义色彩,他是在国家干预业已存在的前提下,分析向"完全自由浮动汇率制"回复的困难;同时,也在国家干预存在的基础上来探讨解决布雷顿森林体系弊端的方法。

四

在对国际货币基金组织的改革措施方面,特里芬首先针对的是以一国货币(与黄金并列的)为国际储备资产的弊端,提出了国际储备资产多元化(或国际化)的方案,这一方案虽得益于凯恩斯计划中关于"班考"的设想,但在国际货币基金组织内的操作细则上,特里芬却较凯恩斯做了更详细的探讨,这无疑对国际货币体系后来所创立的"特别提款权",在理论上做了事前的论证。

细心的读者不难发现,特里芬在第二篇中最具特色的分析是关于将国际货币基金组织的"摊额交纳"制转化为各国国际储备资产的存款制,特里芬认为,这种转化可以将握有外汇存款的获利机制与握有黄金的稳定性很好地结合起来。然而,多年过去了,特里芬的这一美好设想并没有变为现实,其原因是耐人寻味的。

特里芬的设想,实际上是要让国际货币基金组织充当世界中央银行的角色，用他自己的话来说是“用债券或纸币在各个国家的疆界内来代替商品货币*……的事，……延伸到国际领域”[1]，但是，不同货币的存在，标志的是不同民族主权国家的存在，而各国经济往来所产生的国际收支差异是各国间经济利益的反映，要让凌驾于各主权国政府之上的世界中央银行来协调各国的经济利益关系，不仅在二次大战结束后的十余年中难以实现，就是在冷战结束后的今天也是难以想象的。特里芬总想把经济学的逻辑直接用以世界经济大厦的建设，殊不知，在国际经济事务中，政治与经济的关系是极其复杂和难以把握的。

如果民族国家主权一时难以放弃，那么对基金组织贷款的权限控制就成了一个技术性很强的问题，如果对这个权限控制不严，滥用这种权限，便会出现世界性的通货膨胀。为此，特里芬提出了以“多数投票制”的办法来限制基金组织贷款权限，然而，在国际货币基金组织中，对基金组织贷款数额比例的协商同样是极其复杂的，国际事务中“议事成本”的提高会阻碍“多数投票制”的正常运行。

尽管特里芬的方案，在上述内容中有许多不切实际的设想，但就其经济学逻辑来看是严密的，因此，尽管他的方案，在国际货币基金组织的改革过程中并未完成付诸实施。然而，他分析中的许多合理成分，在区域货币组织的演化中却被逐步地采纳了。

---

* 即黄金。——译者

① 见本书第 101 页。

目　　录

第一部分　诊断

重返自由兑换体系的时代:1926 年—1931 年和 1958 年—? 或者自由兑换体系及可看清轮廓之后

第二部分　处方

未来的自由兑换体系:国际货币政策的目标与工具

前　　言

本书的主要内容再现了1959年3月和6月底在意大利《国民劳动银行季度评论》上所发表的两篇论文的思想，其内容只稍做了些修改。

本书的第一部分“诊断”（即两篇论文中的第一篇）用尽可能明了的词句来解释19世纪自由兑换的国际货币体系的非凡成就，以及20世纪20年代想让其在第一次世界大战后再生的莽撞企图的灾难性崩溃。本篇执意挖掘出的这些所谓陈腐的教训也许很适合于我们当今的情况，而开始于1958年圣诞周末的“重建过去”的尝试，就像30年前的类似尝试一样，不祥之兆已经出现。

第二部分“处方”（即两篇论文中的第二篇）更为大胆地勾画出了激进的机构改革的基本点，即改革那些在19世纪的经济、政治环境中应付自如的国际货币机构，使之能适应于现实的要求和环境，以阻止险情的出现。然而今天这些机构的复活与生存所要求的，远不止是将一具僵尸从50年前的墓穴中挖掘并打扫一番而已。

毋庸讳言，这些都是令人生畏的专业课题。若用简单、常识的词句来论述它们，作者必然会被划归专门发表奇谈怪论的怪癖者行列，他的观点难免要受到处事严谨者的诧异和蔑视。因此，我是在迫不得已的情况下采用与该领域的专家们，特别是国际货币基金组织的专家们在行的话与他们进行思想交锋，考虑他们的观点并预想到他们的一些反对意见。这对于非专业的读者来说，会增加巨大的阅读难度，然而，他也会对这些问题产生极大的兴趣，实际上正是这样的读者最终会通过他所选举的国会和政府中的代表来决定解决问题的办法。出于这一原因，我特别荣幸接受了国会经济联合委员会的邀请，在去年 10 月 28 日将我的观点呈献给他们，谈了当前的紧要问题以及他们所关心的美国的经济地位和政策。

viii 我在委员会的发言内容已逐字逐句地再现于本书的代序中。普通的人也有可能会从中发现在这个问题上他们想知道的一切以及我为此而提出的解决途径。[1]

我非常清楚，世界形势的瞬息万变会使一些观点很快成为陈词滥调，将这样的观点写成著作——此书付印出版将花费数月时间——是会有风险的。[2] 当此书送抵读者手中时，书中所涉及的

① 相反，那些想了解历史背景与理论分析的读者可参阅我的《欧洲与货币泥沼》(*Europe and the Money Muddle*)(耶鲁大学出版社，1957)，尤其是第一章“国际通货计划的失败”，第三章“世界美元储存”，第六章“可兑现性现时办法”，第七章“通向可行的可兑性”和第八章“前景与结论：今后的任务”。

② 请允许我在这条注中宣告在前几次同类研究中的侥幸。

我在 1917 年、1918 年和 1949 年徒劳地想让国际货币基金组织采纳的将欧洲双边支付协定多边化的建议，终于被欧洲合作总署所接受并发展为 1950 年的欧洲支付联盟(EPU)协定。EPU 在解决欧洲的贸易与支付，在为自由兑换的逐步恢复开辟道路两方面取得的惊人成就。已经最终平息了当时提出来的强烈的反对意见，反对者包括我在学院里的大多数同事，以及在华盛顿的许多高级官员及专家，他们全都反对建立一个“自给自足的，高成本、软通货的区域，让它摆脱世界范围的竞争将自己掩蔽起来”。

1953—1954 年冬，国会经济顾问委员会要求我组织一个由各机构派员参加的委员会，旨在就应该采取的政策措施提出具体建议，借以缓解美国的衰退对美元世界地位的可能影响。我们的委员会得出结论，认为轻度的衰退对于外国持有和积累黄金和美元的趋势，只是使之减缓而不会令其逆转，过在当时受到大多数长期浸淫于美元短缺论之中的专家们的讽刺。然后很快就被事实情况所肯定了。

最后，我于三年多以前在《欧洲与货币泥沼》中对即将来临的“美元充斥症”表示了忧虑，但遭到了大多数评论该书的人的嘲弄。这本付梓时生不逢辰的书，正好与海外重新发生的与苏伊士危机有关联的美元困难相冲突。现在，我的忧虑不幸言中，而这种情况已成为国内外普遍而且严重关注的事情。

问题可能会呈现出与书中所描述的情况大不相同的状态。例如，引起众多人士忧虑的1958年的清偿危机去年在西欧已暂时有所缓解，但其代价却是美国储备的大量减少和多数不发达国家经济状况的进一步恶化。

然而，我坚信书中的基本命题对决策者来说将会在很长一段 ix
时期内有效。黄金产量的提高在可预见的未来是不可能提供足够的清偿手段来适应世界经济的发展的。杂乱地将各自持有的（别的）国家通货作为储备积累的补充形式，随着时间流逝，将会越来越危险地削弱用于此目的的中心货币的作用，所带来的后果是建立在这种中心货币基础上的国际货币体系的上层建筑将受到极大的威胁。

书中提出的解决问题的具体建议，是否能及时达成协议以避免国际货币体系的危机，则完全是另一回事，只有历史才能做出回答。

罗伯特·特里芬

1959年万圣节于纽黑文

第二版序言

本书第一版于1960年美元危机的前夕问世，极为及时；与《欧洲与货币泥沼》问世时正当苏伊士危机的中心阶段不及时相比，恰成对照。

除去对表14中的一些估计值做了些小的修订和纠正了三处不重要的印刷错误外，对第一版中的第一部分和第二部分未做任何更动。

不过，对第一版的“后记：官方和其他各界的最初反应”却压缩掉很多，以便腾出篇幅扼要地介绍第一版面世迄今发生的事件。所以连篇名也改为：“未结束故事的新发展”。

最后请允许我为卡罗尔·兰斯利夫人迅速而完美地打出我的手稿，为切斯特·克尔、玛丽安·阿什夫人和耶鲁出版社的促进和鼓励，为他们最胜任的编辑、出版和发行工作，表示我衷心的谢忱。

罗伯特·特里芬

1961年总统就职日于纽黑文

代序　在第87届国会经济联合委员会上的发言 1

（华盛顿，1959年10月28日）

美国的国际货币地位和政策 3

一

1. 首先我想致歉的是对贵委员会所探讨的主要的和根本性的政策问题我只能做一个有限的说明，让我做准备的时间很短，而且我的专长——如果有的话——是在国际货币政策方面，而不是此次征询所着眼的国内经济政策。

然而，令人担心的是，近十年来的发展恐怕已使这些问题难分难解地相互纠缠在一起，因此，我们再也承受不起忽视国内政策对我们国际地位的影响，反之亦然。我们肯定已经尝够了著名的被认为是永久性的无法解决的美元荒的味道。这种美元荒十年来一直支配着美国和其他国家经济政策和经济思想。我祈求，我的那些清醒的同行们将来不会再提出一个与此相反但荒谬程度相当的，持久且棘手的美元充斥理论。在我向诸位展示一些令人不安的事实和不祥的危险信号之前，我想声明，我从来也不相信我们现在所遇到的困难是永久性的或者被说成是难以对付的。我们的经济实力及其恢复功能毫无疑问的有能力去解决这些问题。

2. 在我的书面报告中，我简略且不充分地提到过美国国际收
6 支出现的警报性的退化现象，以及由此退化所产生的疑虑：是否我们定价过高而减少了自己的产品在世界市场的销路。对于这个问题，已有专家做了充分的说明，我想，为节省时间，各位会同意我不再对此做口头陈述。

现在展示在诸位面前的是一张高度简化了的图表，我想对此做一些概括说明，图 1 的每个部分显示了以下内容。

1）点状线指美国资本输出和对外经济援助总额。

2）黑线代表美国往来账户的平衡情况：

　　i）浅色区域代表盈余；

　　ii）深色区域代表赤字；

3）沙点区域，代表美国资本输出、对外援助总额超过往来账户盈余的部分。

该图反映出三个方面的现象：

1）与西欧相比，美国的往来账户的差额呈明显的下降趋势，只是在欧洲的商业繁荣期和苏伊士危机时期这种趋势才有所中断。这一点有力地证明了美国相对于这个地区的竞争地位在不断恶化。

2）若将美国往来账户的发展情况放在世界范围来看（在图 1 上端），则上述情况被掩盖起来了，因为美国与其他国家往来账户的顺差直到去年一直都在增长（如图 1 下端所示）。

表 1　1952 年—1959 年美国的国际收支

（年率单位:10 亿美元）

	与世界相比			与西欧相比			与世界其他国家相比		
	1952—57	1958	1959 年 1 月～6 月[1]	1952—57	1958	1959 年 1 月—6 月	1952—57	1958	1959 年 1 月～6 月[2]
1. 商品、劳务和一般转移收支余额	2.1	1.5	−1.2	0.1	−0.8	−2.3	2.0	0.4	1.1
2. 美国的资本和经济援助净输出	3.9	5.4	3.9[3]	1.2	0.8	0.8	2.8	4.7	3.1[3]
A. 私人输出	1.8	2.8	2.0	0.3	0.4	0.6	1.5	2.4	1.4
B. 官方输出	2.2	2.6	2.4[2]	0.9	0.4	0.2	1.3	2.2	2.2[3]
3. 总额平衡(1—2)，由以下项目冲抵：	−1.8	−3.9	−5.0	−1.1	−1.6	−3.1	−0.7	−2.3	−2.0
A. 误差、遗漏和三角结算 B. 外国长期资本的流入(一)	−0.5	−0.4	−0.8	—	1.3	−0.3	−0.5	−1.7	−0.5
C. 黄金销售和外国的美元储备增加(一)	−0.3	—	−0.5	−0.2	—	−0.4	−0.1	—	−0.1
(i)美元储备	−1.1	−3.4	−3.7[3]	−0.9	−2.9	−2.4	−0.2	−0.5	−1.3[3]
(ii)黄金销售	−1.1	−1.1	−2.7[3]	−0.7	−0.6	−1.7	−0.3	−0.6	−1.1[2]
相关资料	—	−2.3	−1.0[3]	−0.2	−2.3	−0.7	0.2	0.1	−0.3[3]
4. 军事事务									
A. 军事援助输出	2.9	2.5	1.9	2.2	1.5	1.2	0.7	1.1	0.7
B. 对外军事开支	2.7	3.4	3.2	1.4	1.9	1.8	1.3	1.6	1.4
5. 国外黄金和美元储备的增加									
A. 根据估计的美国交易额而得	1.6	4.3	4.7[3]	1.3	3.7	3.0	0.3	0.6	1.7[3]
的数据	1.1	3.4	3.7[3]	0.9	1.6	2.7	0.2	1.8	1.0[3]
B. 其它	0.5	0.9	1.0	0.4	2.1	0.3	0.1	−1.2	0.7

资料来源:《当前商情概览》(*Survey of Current Business*)

注:1. 除了第 4、5B 项和第 2 项的各分项数字外，其余的都进行过季节性调整。

2. 此栏数字的计算，是用已作季节性调整的世界估算数减去未作季节性调整的西欧估算数。这样，这些调整的总数就全留在与世界其余国家的交易额中了。

3. 这些数字不包括为增加 IMF 的资本而认缴的 2B 项中的黄金(3.44 亿美元)和货币(10.31 亿美元)，这种业务给 3C 项、5 项和 5A 项造成的影响也不考虑在内。

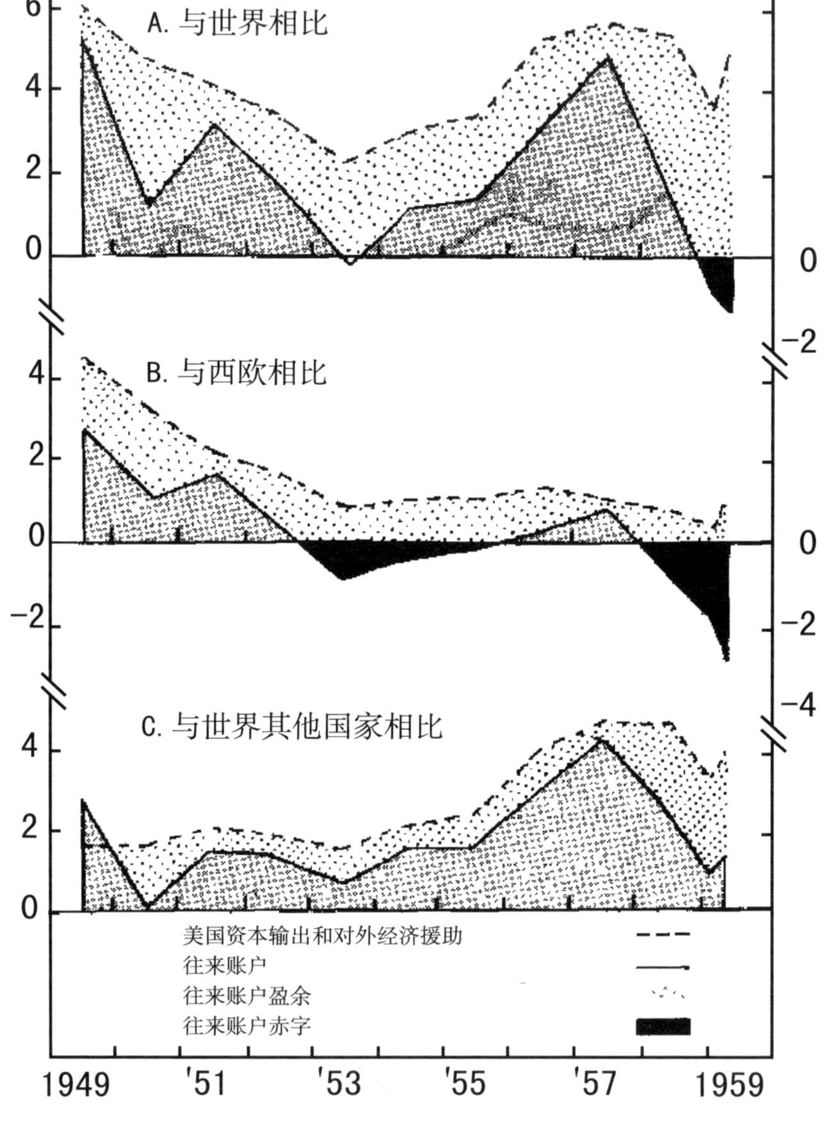

图1　1949年—1959年美国的国际收支

（单位:10亿美元）

美国黄金

全部美元储备

外国的美元储备

30 25 20 15 10 5 0

1949 '51 '53 '55 '57 1959

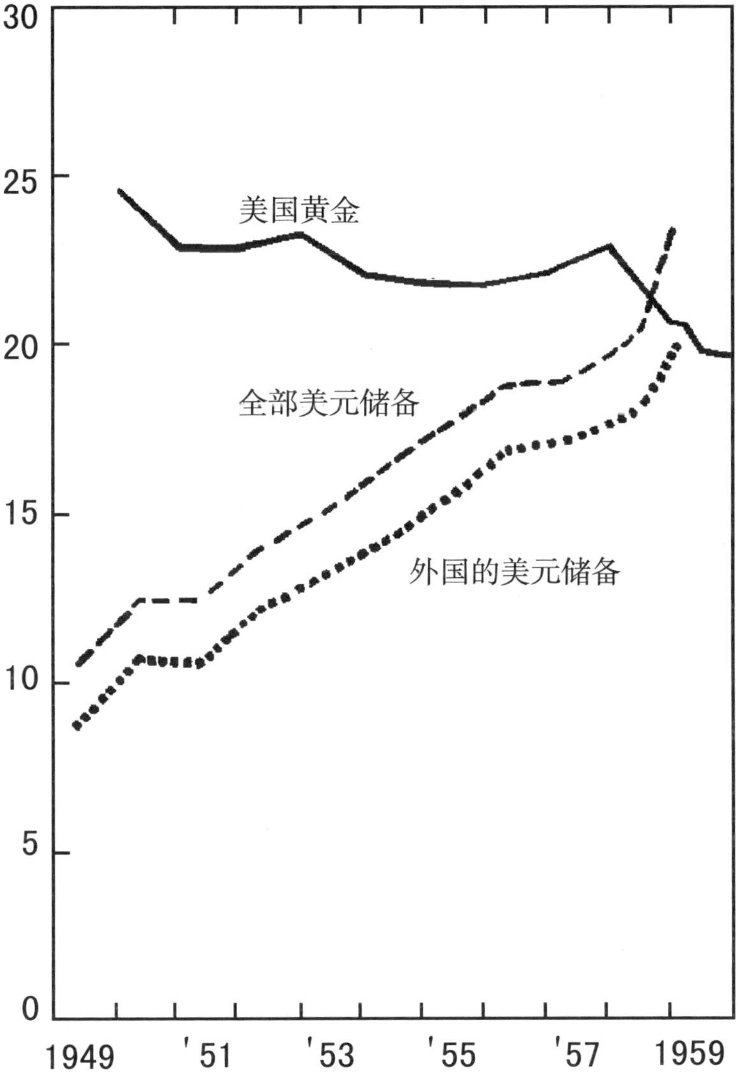

图 2　1949 年—1959 年美国黄金储备及外国美元储备

（单位：10 亿美元）

然而，这一顺差是同我们对这些国家的资本输出和经济援助所提供的资金水平密切相关的。在图中，这两条线大体上是相互平行的。但在 1958 年和 1959 年间，这两条线间的距离在增大，这同样是同美国相对于西欧的竞争地位的下降相关联的，因为，一些国家已发现，将得到的援助款在西欧的购买比在美国购买更为经济。

3）最后，在长达十年的时间里，我们的资本输出和经济援助
7 一直维持在大大超出我们往来账户盈余的水平上。其缺口主要是通过净外汇储备和偿债地位的恶化来弥补，即通过黄金外流和短期对外负债的增加，这些都反映在我展示给诸位的图 2 中。

3.在为消除美国国际收支总额中业已存在并正在不断增长的赤字所应该遵循的政策方面，我无法提出独到的见解。

我在书面报告中提出了怀疑一些补救政策的有效性和合理性的几个显而易见的原因，其他几位作证者对此也有同样的看法，在乍看之下越显得合理的政策，最终后果会变得越危险。我不想提出任何主张，大幅度削减对不发达国家的资本输出或经济援助，限定它们用这些贷款和援助款购买美国商品，或更糟些，倒退到贸易保护主义政策和限制进口。

我们的主要问题不是节省开支，而是增加开支，不是削减进口和减少对外经济发展的援助，而是要将我们的出口水平恢复到能使我们在更坚固的基础上继续实施这样的政策，已充分证明它们是有价值的，而且对我们国内经济的增长和在未来世界中保持美国经济与政治地位来讲，都是必不可少的。

表 2　1949 年—1959 年　世界货币用黄金和美元储备

（单位：百万美元）

	货币用黄金[1]				美元储备			黄金和美元储备		
	总额	美国	外国	国际机构	总额	外国	国际机构	美国[2]	外国	国际机构
	(a = b + c + d)	(b)	(c)	(d)	(e = f + g)	(f)	(g)	(h = b − f)	(i = c + f)	(j = d + g)
1949 年底	35.055	24.563	9.041	1.451	8.226	6.409	1.817	18.154	15.450	3.268
1950 年底	35.498	22.820	11.184	1.494	10.197	8.393	1.804	14.427	19.577	3.298
1951 年底	35.664	22.873	11.261	1.530	10.173	8.271	1.902	14.602	19.532	3.432
1952 年底	35.968	23.252	11.024	1.692	11.719	9.864	1.855	13.388	20.888	3.547
1953 年底	36.396	22.091	12.603	1.702	12.739	10.825	1.914	11.266	23.428	3.616
1954 年底	37.056	21.793	13.523	1.740	14.019	11.895	2.124	9.898	25.418	3.864
1955 年底	37.716	21.753	14.155	1.808	15.230	13.028	2.202	8.725	27.183	4.010
1956 年底	38.246	22.058	14.496	1.692	16.433	14.590	1.843	7.468	29.086	3.535
1957 年底	38.900	22.857	14.923	1.180	16.600	14.861	1.739	7.996	29.784	2.919
1958 年底	39.851	20.582	17.937	1.332	17.637	15.598	2.039	4.984	33.535	3.371
1959：										
三月	40.073	20.486	18.216	1.371	18.250	16.052	2.199	4.434	34.268	3.570
六月	40.332	19.746	18.677	1.909	20.055	16.776	3.279	2.970	25.453	5.188
1950—1958的变化	+ 4.796	− 3.981	+ 8.896	− 119	+ 9.411	+ 9.189	+ 222	− 13.270	+ 18.085	+ 103

资料来源：《联邦储备公告》（*Federal Reserve Bulletin*）。

注：1. 黄金估算数字是从黄金和美元储备中扣除美元储备而得的剩余值。

2. 美国的黄金存量仅指超过外国持有的美元储备，但不包括国际机构的持有量。

在阐述了我们**不该**做什么之后，让我再来谈谈我们**应该**做些什么。

首先，我们必须通过阻止爬行的通货膨胀来增强或者说是恢复我们在世界贸易中的竞争力，同时，我们还必须通过对技术与研究的适当投资来提高经济增长率和劳动生产率。

第二，我们应该继续敦促外国特别是日益繁荣的欧洲消除对美元商品的歧视以及进一步减少贸易、支付障碍。

第三，消除了外国在美国出口上的障碍将会刺激美国的生产者花费比现在要多的时间去开拓国外市场，扩大国外销售量。

第四，我们应该尽力使欧洲承担起国外经济发展援助资金的
8 相应份额，这主要是通过多边援助项目，而不是通过双边的附有束缚条件的贷款方式。

最后，由于世界紧张局势的缓解，使我们有可能削减大得令人生畏且不成比例的国内外防务开支，这笔开支是美元的国际收支状况从战前到战后发生根本性变化的主要原因，它的重要性大于其他的任何一个原因。当然，这还只不过是一个希望，对此我无力去冒险做任何猜测和建议，如果一旦这一点不能实现，我们可能就应该同盟国重新探讨共同防务开支的公平分配问题。

二

1. 以上我所说的和我尚未言尽的一些内容，对于贵委员会的成员来说是平常而又熟悉的，因此，下面我将集中陈述互相密切联系的两个问题，我认为，我所要说的东西无论正确与否，对于贵委员会来说，它都将是有建设性意义的新内容。

即使是对美国的国际收支最成功的调整，它也会遗留下两个不仅对美国而且对世界都至关重要的问题。而这二者都涉及在世界经济不断扩展的情况下让国际货币自由兑换起作用。要让这样的体系起到令人满意的作用，必然要求扩大汇集起来的世界货币储备和国际清偿手段，以此来克服各国外部收支中不可避免的暂时性的波动。否则，这种波动会迫使各国广泛而且反复地求助于通货紧缩、货币贬值或贸易和外汇管制措施。

对于保持适量的储备和清偿水平这个要求来说，很久以来黄金只在最低要求中占不大的比例。尽管不是所有的国家，但多数国家愿意积累相当数量的外汇——主要是英镑与美元余额——与黄金一起，作为货币储备。被称为“金汇兑本位制”的这种方法所带来的困难是，随着时间的流逝，将越来越危险地削弱被其他国家用作储备之货币的国家的国际清偿地位。其结果也会增加建立在所谓“中心货币”基础上的世界货币体系的脆弱性。事实上，这一体系之所以有可能增加国际清偿能力是完全建立在中心货币国愿意使其对外的短期债务不断无限提高的速度大于其黄金资产的增长速度的基础之上，这意味着中心货币国能容忍净储备地位日益恶化。

在我的书面报告中，我回顾了 1931 年这种做法是如何导致了英镑贬值、国际金汇兑本位制的崩溃和随之而来的世界经济大萧条的过程。

毋庸置疑，今天的情况已不同以往，然而有两个问题仍然是不可回避的。

第一，消除我们的国际收支赤字固然能终止我们货币储备持续恶化的过程，但同时它必然要减少其他国家2/3至3/4的主要储备来源，当今在财政上的黄金供给不足的状况下，正是靠这部分储备来源才满足了世界经济增长所要求的国际清偿能力。

第二，过去遗留给我们的巨大的短期债务，很有可能给美国健全的经济增长和稳定的政策实施造成障碍。第一次世界大战后，游资流入了伦敦，而第二次世界大战后游资却被大量地转移到了我们这里。同样，像20世纪20年代游资流出伦敦一样，随着欧洲金融环境的稳定，会有一部分游资回流到母国。去年，当我们的利率下降到低于欧洲的利率水平时，我们的黄金流失严重，其原因之一就在于外资的回流。今年，国内对爬行的通货膨胀的严重关注导致了利率的大幅度上升，这才减缓了外资回流的势头。在这种情况中，内部与外部的利率政策的衡量标准恰好是吻合的，但是也许在以后会有冲突。如果，当我们对国内价格、成本的趋势重新有了信心，我们便会希望放宽信用、降低利率，以提高我们的经济增长率，因为，我们的经济增长无论是与苏联相比还是同欧洲相比都
10 显得过于迟缓。但这时，我们很可能会像英国在20世纪20年代的情况一样，处于是实现国内经济目标，还是为防止黄金流失而维持短期资金的两难选择中。

我不能不再次引用已被国际货币基金组织的执行董事多次引用过的圣塔雅娜(Santayana)的名言："不记住过去的人必定会重复过去。"

2.我们是否能找到摆脱上述两难选择的途径呢？我想我们是能够做到的。问题的两个方面都是由于将一国货币作为国际储备资产这种荒谬的行为所造成的，要解决这一问题，最为直接、简单

的做法就是使世界货币储备的外汇组成国际化。

美国、英国和其他主要发达国家应阻止其他国家用其货币作为货币储备，所有国家不愿以黄金形式持有的储备可以以国际化的、可兑换黄金的储蓄方式存入国际货币基金组织，两者之间的比例可由各国自行选择而定。存在国际货币基金组织中的储备资产的汇率是有保证的，它是以使存在基金组织中的储备成为远比持有任何一种货币都更为安全的储备投资的媒介，因为任何一种货币都具有贬值、不可兑换性，被冻结或被债务国所拖欠的风险。当然这些储备存款的利率水平最终要由国际货币基金组织的贷款和投资收入所决定，它随着时间的变化而变化。

上述特点能把持有外汇的赢利刺激作用和持有黄金的安全刺激作用结合起来，这些特点最终也能确保对国际货币基金组织的储蓄有大量的、持续的需求。然而，考虑到最初可能出现的信心不足和行为惯性，同时，为了确保国际货币体系不受黄金持有和国际货币基金组织储蓄之间突然出现的不可预见的权数变化所造成的影响，各国应该持有的基金组织储蓄与其总货币储备的比例应该是规范的、统一的。当基金组织储蓄的增长超出了某国的最低要求，则该国有权把超出的全部或部分储蓄转换为黄金，这种转换不是强制性的。

20%的最低存款要求已足以使新体系得以建立，并用之以替
代现行的极其复杂、僵化的向国际货币基金组织缴纳资金的制度。 11
然而，为了使国际货币基金组织拥有提供充足的借款的能力、确保基金组织存款的清偿能力及兑换黄金和任何一种结算时需用货币的能力，这个比率可能要及时地加以提高。另一方面，这个体制要

是能被很好地管理的话，很可能不需要再靠强制手段就可实现这个目标，因为成员国自身的利益也会引导它们把各自总储备中超出最低规定百分比的部分，不是兑换成黄金，而是作为基金组织存款留在基金组织内部。

对国际货币基金组织的运行进行这种改革所可能遇到的最大的反对意见，将会同当年提出的反对凯恩斯所设想的建立国际清算同盟的反对意见一样。这类体系所赋予国际货币基金组织的贷款能力，若被不适当地使用，会将通货膨胀的强劲势头传给世界经济。然而，这种危险也有最有效、简便、直接的控制方法，那就是将基金组织的贷款权限制在国际清偿水平所需要的资金范围之内。

还有其他一些指标也可用作衡量这一目标的标准，其中最简单的是将基金组织 12 个月中的净贷款数量限制在占世界货币用黄金和货币储备总增长量的某种比例，譬如说在 3% 至 5% 之间。当然这一具体的比例不可能很科学地加以确定，它总要在基金组织协商新协议时折中了各种分歧观点的基础上确定。一个合理、稳妥的方法是把 3% 的比例确定为不会导致通货膨胀的基金组织的贷款比例，超过 3%、4% 或 5% 的贷款权限需要有 2/3、3/4、4/5 甚至是一致赞同的投票表决才能授予。

此外，基金组织的贷款运行机制不会比现存的机制具有更大的自发调节功能，它仍然具有相机抉择的特点，这种特点将能够对成员国控制国内的通货膨胀危害起到极大的影响作用。

然而，这项改革方案也提出了一个新的、不同以往的贷款项目，这就是由基金组织主动地在成员国金融市场进行公开市场的投资。

这种性质的第一批投资应该是新的基金组织所自动吸收的，因为成员国要把未兑现的，国家通货储备转换为基金组织的存款。12
这些储备大部分都是以银行存款、承兑票据和国库券的形式，原来由持有国的中央银行存放在纽约和伦敦的。基金组织就不需要马上更改这些投资的形式，但又应该授权它在对自身运行有用范围内，用平缓、渐进的方式对这种投资进行调节。这项目标只要给予基金组织一种特权就可实现，即基金组织每年最多譬如为5%的比率要求债务国清偿这笔投资，当然，这一权力并不需要每年都行使。

3.现在请允许我简短地阐述一下这项改革对美国所必然产生的利弊，并以此来结束我的发言。

我想，在我们上面所讨论的过程中，这项改革将给美国带来的好处已清楚地反映出来了，美国再也不必因其他国家将美元用作储备货币而承受负担，也不必为此所可能引发的危险而担忧。这样做也确实剥夺了我们享用无偿的资本输入的权利，在过去的十年中，正是这种输入才使我们能挑起对外贷款和援助计划的担子，否则的话，我们就无法筹措到所需的资金。现在，我们必须与其他国家一起分担这一责任，共同享受与之相伴随的政治影响力，为此而需要经历的多边决策过程有时会令人恼怒和灰心。另一方面，我们可以把大部分极易流动的外国资金稳定在基金组织的管理之下，否则，若这些外国资金突然发生无法预料的外流，在任何时候，都会导致我们难以承受的黄金储备耗竭。更重要的是，我们因此能摆脱为防止这种资金外流而影响我们国家的货币和利率管理的束缚。到那时，只要我们稳定价格的努力取得了成功，我们就可以再次考虑最大可行的就业率和增长率的促成问题。

其次，与上一点密切相关的另一点是，尽管有一些无足轻重的例外情况，十年来美国连续出现逆差，而 IMF 的其他成员国却积累起了大量的顺差，但美国却依然是唯一的 IMF 的净贷款国。这
13 项改革可以结束我们所处的这种不合理的地位。另外，我们将能够从 IMF 获得帮助，并能避免美国现在就提出这类帮助的要求所可能引发的危险的心理反应，因为这种帮助不是通过贷款，而是通过更为灵活的 IMF 的投资程序来获得的。IMF 自身也需要为其不断扩大的资金寻找安全的投资场所，在新体制建立的最初年代尤其会如此。这与我们要赢得必要时间、用尽可能平稳的方式来调整美国总体国际收支逆差的迫切要求是一致的。用尽可能平稳的方式来进行调整，不仅符合美国的利益，也同样符合其他国家的利益。

我想，这些都应该是指导我们行动时根本性的考虑，然而，我还应该提两点与本委员会有关的技术性更强的问题。

我们在新的 IMF 体系中的最低义务存款额以我们的现状为依据来计算大约是 43 亿美元，与我们目前上缴给 IMF 的份额大致相当。其中一半的存款可以通过将我们在以往的交易中积累起的 21 亿美元的对 IMF 的净债权转化为存款来履行。而另一半必须以黄金来支付。但是 IMF 也应取消其所持有的美国的即期存款和国库券中，至今押留的约 20 亿美元的金额，而这数目，我相信，仍被算作是国内债务的有机组成。

值得一提的是，我们在基金组织中的存款本身应被视为是与我们目前对基金组织认缴款完全不同的资产，这种认缴款目前没

有被认为，也不应该被认为是一种完全有清偿能力的银行可承兑的资产，因此，它不应计算在我们的货币储备中。与此相反，我们在基金组织中的存款将是同黄金一样具有完全清偿能力并能完全用于国际支付的资产。因此，它本身应视同黄金计算在货币储备和法定黄金储备要求量中，无论美国或其他国家都应如此。在取消我们目前的认缴份额并代之以20%的在基金组织中的存款之后，我们的货币储备将从现有的195亿美元增加到216亿美元，最重要的是，我们对外国的短期债务，会因为这些债权国将它们当作各自的存款转交给基金组织，变成基金组织手中稳定的有清偿力 14
的美元而减少约90亿美元。

我深信，以上这些是政府和国会认真研究我所提出的各项建议的有力论据，我热切地希望我们能及时地行动起来，并能反驳我的一位在政府工作的同僚曾做出的不带偏见但却是不幸的评论："特里芬，你很可能是对的，但是，你的建议提得太早了，就像建立欧洲支付同盟的建议一样。目前，我内心并不认为你对人们具有说服力，除非等到人们从真正的危机中醒悟过来，采取行动，到那时，你的建议也许才具有实际意义！"

我承认，目前，这可能是对此问题普遍持有的看法。

15 # 第一部分　诊断

重返自由兑换体系的时代：1926年—1931年和1958年—？或者自由兑换体系及可看清轮廓之后

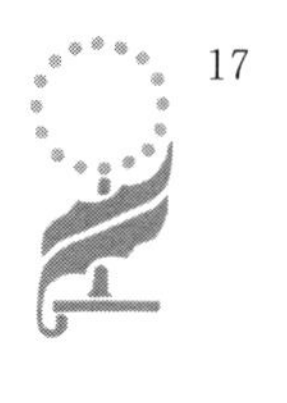

17 “历史研究，虽然不能前知，但它却能预示未来事件可能会出现的迹象。”

约翰·斯坦贝克：《短命的皮平四世王朝》

导　　论

1958年圣诞周末，国际货币界得到了期盼已久的一批礼物：

来自英国的消息是“向货币自由兑换方向做冲刺”，这项计划最早提出于1953年；

来自法国的消息是对货币制度进行根本的改革，其宗旨是结束长达30年之久的持续不断的通货膨胀和忙率贬值现象；

来自欧洲经济共同体六国的消息是：在通向经济一体化的漫长道路上，起决定性作用的第一步已经迈出；

来自上述所有国家以及许多未提及的国家的消息是，一系列称之为“自由兑换的决策”，正成为事实上的恢复20年代的金汇兑本位制进程的最辉煌、最具特色、最有决定意义的事件。

然而这一系列重大的、酝酿已久的决策也伴随着欧洲共同体
六国与他们在欧洲经济合作组织中的其他伙伴之间发生危险的毁
约，伴随着清算欧洲支付同盟的决策，而八年多来，正是欧洲支付
同盟在货币领域中体现和鼓舞了这一合作。即使是欧洲支付同盟
的最顽固的反对者也已经不得不承认，该组织在战后初期的双边 18
贸易的结算和在欧洲实现向自由的、多边的贸易和支付体系转变
所起的重要作用。然而，正是由于欧洲支付同盟(EPU)非常成功
地实现了既定的目标，它倒反而备受责难，现存的拐杖现在可以被
抛在一边了。[①]

当人们用看待第一次世界大战之后向自由兑换体系回复的眼光来看待目前的情况时，这种松散的欧洲合作形式显得更令人不安。新的金本位制在20世纪20年代下半期的作用相当不稳定，1931年，在世界大萧条的初次冲击下它便荡然无存。后来的专家指出它崩溃的原因是20世纪20年代所谓的“回复”的不彻底性。1914年以前的那个建筑物的表面确实得到了修复和重建，但是对它那已被破坏的功能以及摇摇欲坠的内墙只是凑合着修补了一下而已。[②]虽然这种批评意见拥有大量的事实材料，但这种批评缺乏

① 我在《欧洲与货币泥沼》(耶鲁大学1957年版)一书中对1947年—1956年欧洲从狭隘的双边体制向事实上是准自由兑换体系的回复过程进行了描述、分析和评论。在本书的最后三章中，我力争得出过段历史对决策者来说有何重要意义，并对书中讨论过的这一问题，从许多方面来进行预测。

② 详见W.A.小布朗，《国际金本位的重新解释，1914—1934》(*The International Gold Standard Reinterpreted*，1914-1934)，纽约，1940年。

深度，并导向了错误的结论。“回复”和“重建”的词义仅仅含有挖掘和重现以往制度形式的意思，而不顾及这种体制必须在其中运行的经济和政治环境的变化。与此相反，19 世纪的货币本位制恰恰是一种具有高度灵活性和适应性很强的体制，这种体制在 1913 年的改进模式与 1816 年的模式相比几乎没有任何相似之处。为了与战后的环境和条件相适应，我们所需要的不是简单地回到过去，而是更进一步地变革和改进。

过去是正确的道理在当前的情况显得更为正确。两次世界大战和 20 世纪 30 年代的世界大萧条使经济理论、经济制度和经济政策发生了巨大的变化，这种变化从根本上改变了确立国际自由兑换体系以及使其实实在在发挥作用的条件。这种观点中包含的消极的意义已被 1958 年计划的设计者很好地觉察到，就像他们的先驱在 20 世纪 20 年代觉察到的东西一样。围绕着新的自由兑换
19 体系的决策[1]所存有的保留意见和限制条件已充分表明，没有哪个国家准备单方面地将他们国内的政策目标和政策手段完全服从于维持国际收支平衡的需要，他们也不会放弃将汇率调整和汇率、贸易控制作为调节收支平衡的可选择的手段的做法。

当国际经济气候一旦出现晴转多云或多云转阴的变化，“按 1959 年的方式制定的自由兑换体系”的实际含义是什么？能够使这种体系避免像 1931 年的那种体系崩溃的具体步骤又是什么？

---

① 新的自由兑换体系显然会像 20 世纪 20 年代那样，不至于再次将国际公认的金币引入自由兑换国家的国内货币流通领域，而是将在更大的程度上依靠外汇储备以补全世界黄金储备的不足。现在的新体系适用于非居民和往来账户的交易，但并不一定适用于居民和资本流动。

对这些问题的回答都不甚明确。

以我之见，在这种时刻，有两个密切相关的问题显得特别紧迫。第一个问题是在世界经济不断发展的情况下，如何将国际储备与清偿能力维持或恢复到一个适当的水平。这个话题在国际货币基金组织理事会最近在新德里召开的会议上引起了足够的重视。然而，这很快引发出了第二个更为广泛的问题，即依靠一国或少数国家的货币来作为国际货币储备的主要组成，并以此来确保国际货币体系的运行，这样的体系便是不健全的、脆弱的，但是，在会上，这个问题却被淹没在似是而非和圆滑的论调中。[①]

两个完全相同的问题在 20 世纪 20 年代末和 30 年代初也曾引起广泛的关注。国际同盟金融委员会的黄金小组（The Gold Delegation of the Financial Committee of the League of Nations）近三年来一直忙于讨论在供给短缺时预约使用黄金以及弥补金汇兑本位制的最为明显缺陷的措施。[②] 学院派经济学家同样对这些问题发生了浓厚的兴趣，在技术细节与提出的补救措施的

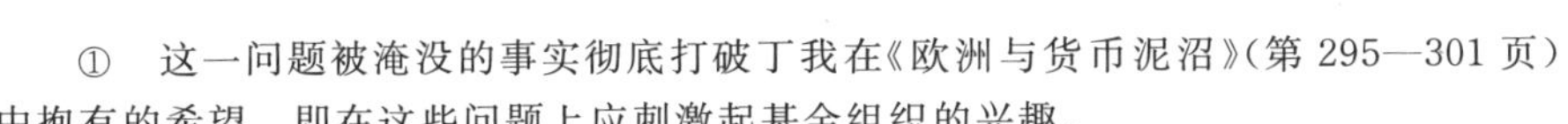

① 这一问题被淹没的事实彻底打破了我在《欧洲与货币泥沼》（第 295—301 页）中抱有的希望。即在这些问题上应刺激起基金组织的兴趣。

② 见国际同盟的各种出版物：a)《金融委员会黄金小组的中期报告，1930 年》（*Interim Report of the Gold Delegation of the Financial Committee*，1930）。b)《呈送金融委员会黄金小组的文献选编，1930》（*Selected Documents submitted to the Gold Delegation of the Financial Committee*，1930）。c)《金融委员会黄金小组的第二次中期报告，1931》（*Second Interim Report of the Gold Delegation of the Financial Committee*，1931）。d)《呈送给金融委员会黄金小组有关黄金分配的文献选编，1931》（*Selected Documents on the Distribution of Gold Submitted to the Gold Delegation of the Financial Committee*，1931）。e) F. 玛利那斯基博士：《金本位的运作》（Dr. Feliks Mlynarski，*The Functioning of the Gold Standard*，1931）1931 年。f)《金融委员会黄金小组报告，1932》（*Report of the Gold Delegation of the Financial Committee*，1932）。

20 讨论中，经济学家们总是和以往一样，众说纷纭，莫衷一是，但是，他们在对后一种体系的批评意见中却出现了难得的一致。这次，他们的告诫立即被事实所证实是英明的：1913 年 9 月英镑体制崩溃，金汇兑本位制大规模地遭到破坏，以及由于汇率竞相贬值和贸易、外汇管制而造成的随之而来的世界性危机。鉴于以往悲惨的经历，对于要在比 20 世纪 20 年代更不稳定的基础上回复到以前那种无组织的金汇兑体制的那种乐观情绪，实在令人费解。这也许就是国际货币基金组织执行董事帕·雅克布森为什么牢记着并在最近的讲话中反复重申圣塔雅娜警句的原因："不记住过去的人必定会重复过去。"

本书的第一部分将首先集中讨论新的自由兑换体系尝试取得成功的主要障碍。第二部分将在上述分析基础上，试图明确能促使当前的自由兑换体系适应当今需要和可能的一些改革方案。

第一章 自由兑换体系：是什么和如何运行？ 21

自由兑换体系的昨天

“自由兑换”一词的本义在最近十年的讨论中已全然被人们所遗忘，它实际上与通用货币和银行体制同出一源，当然，那时的通用货币和银行体制的概念与现在的概念全然不同。当时的自由兑换体系的一个重要特点是，各国的国内货币同他们的主要贸易伙伴国的货币之间有很大一部分在实物形态上是重合的。除了极少量的辅币外，多数国家法定支付货币绝大部分是金币和银币，它们既能直接被其他国家的居民按其面值（或接近于面值）所接受，也可以按官价换取国际结算中所需要的任何外币。① 不同国家的货币都有含金量或含银量的规定，这样通过金属含量的有形等价转换，自由兑换体系的问题可以在一定程度上得以回避。随着金银复本位制逐步过渡到纯粹的金本位制，白银的作用被一步步限制，而同时，在所有金本位制国家，国家货币流通的主要构成也平行地

① 就世界范围而言，1885 年到 1913 年，黄金和白银铸币与全部货币流通的比率，估计大约在 70%—80%波动。参见贾奎斯 · F. 默顿（Jacques E. Mertens）的有趣的书籍《金本位制的发生与发展》（*La Naissance et le Développement de l'Etalon-Or*），法国大学出版社，巴黎，1944 年版，表 49—53。

由白银转化为黄金。[1]

银行货币是以流通券和活期存款的形式出现的,它的发展,最初并没有造成特殊的自由兑换问题。银行只须承担用法币(即银行营业国家发行的黄金或白银货币)清偿自身债务的一般责任。如果单个的
22 银行不能履行其责任,它将同其他个人或公司一样受破产法的约束,该银行的债权人会受到牵连,但所在国家的货币不会受到影响。

但是,当流通券被国家赋予“法币”地位时,就必须制定出与流通券的发行有关的特别“自由兑换”条款,这样任何债务人在清偿对债权人的债务时都可以支付此种流通券。但发行机构在偿付自身的欠款时不得要求受益于该条款,它仍然要按照国家货币立法的规定,随时将欠款变现或“兑换”成金(或银)币。

只要自由兑换体系仍在金本位制国家实行,它就会保证该国与所有其他金本位制国家汇率的稳定。另外,银行在维持自由兑换体系过程中所产生的困难,并不一定与国际收支逆差有必然的关联。不管该国对外的国际收支状况如何,当国内流动金币的需求量增加时,例如在国内经济活动繁荣时期,也同样有可能引发问题。

当货币发行机构实际终止履行对通货的偿债承诺,或通过法律解除其责任时,该通货便在事实上或法律上成为“不可兑换”。但这并不意味着该通货的持有者由此便不能将它兑换成黄金或外国货币。他们通常只能通过民间市场,按照该市场的供求所决定的汇兑率来继续其兑换活动。因此,“不可兑换”一词的原始含义与现代观点中真正意义的不可兑换无关,它在今天被称为“汇率可变性”或“浮动汇率”。

---

① 参见本页注①中所指的表格。

自由兑换体系的今天

“自由兑换”一词在使用上的根本变化,可由近年的官方和学术讨论经常提出一项建议来说明,它说的是在可变或浮动汇率的基础上,也就是在20世纪20年代“不可兑换”的本质内容基础上,恢复自由兑换体系。要解释这个似乎是自相矛盾的反论,应该认识到这样一个事实,即19世纪国际贸易和支付体系的一些特征,比汇率稳定本身更为基本,它们在过去被认为理所当然,而现在却再不能照此办事了。

第一个特征是国际资本流动的自由性。大多数现代专家,深 23
感于第一次世界大战以后“热币”流窜的不均衡特点,认为这种自由性在当今是不必要的,甚至是令人讨厌的。这种观点已得到国际货币基金组织协议章程的正式认可,该章程对资本流动特别制定了限制措施,甚至有时还把这种限制的遵守作为有关国家向国际货币基金组织申请贷款的先决条件。[1] 本人对这样一种方式在实际上是否明智抱有疑问,我认为保持资本流动的自由是有效的国际自由兑换体系基本特征之一。以下的论述将为我的理由做一些澄清。

目前的自由兑换体系通常被认为是与消除往来账户中所有贸易和支付的数量限制相一致的。这种看法既显得过分又似乎非常有限,既过于苛刻但又不十分严格。

说它太有限,是因为它没有考虑到关税限制,而一旦关税的高

---

① 见协议章程的条款Ⅵ,特别是第1、3项。

度、不稳定程度或差别待遇达到一定水平时，对国际贸易产生的危害，比轻微的、稳定的、无差别待遇的数量限制要严重得多。所谓太过分，是因为它没有将数量限制与双边贸易和支付中普遍使用的一些技巧区别开，而后者可能但并不一定同时使用贸易和外汇管制。①

如果要对自由兑换体系的目标下一个深刻的定义，那么该定义必须且必然包括一切可供选择的并且在实施中能够取得相似结果的方法；因此它必须将管制贸易和外汇的手段、关税限制和数量限制都考虑在内。这样，由此推导出完全符合逻辑的结论是，现在
24 最流行的自由兑换体系的定义（即消除所有贸易和外汇的数量限制）会使我们将自由兑换体系与亚当·斯密曼彻斯特派的理想——自由贸易混为一谈。

然而实际的政策目标，不能套之以刻板的逻辑定义。倘若我们希望把“自由兑换”说成是国际经济政策的灵活的目标，这些目标在具体的历史条件下可因具体的执行手段而受影响，那么我们在定义自由兑换时，应使用相对的而不是绝对的语汇。19世纪的经验告诉我们，自由兑换是指一种制度结构，它利用主权国家间互利的经济关系，将最为有害的国家干预减少到最低限度。这一定

① 当前所划定的“居民”和“非居民”自由兑换间的界线，接近于这种区分，但仅仅是接近而已。例如，对非居民而言，英镑自由兑换意味着，英镑区的居民虽然在对外交易中仍受到不同程度的限制，但从英镑区外赚到的英镑收入在进行清算时，不仅在英镑区内，而且在世界其他地方都可以自由使用这些收益（至少在往来账户中使用）。事实上，这已经向实际消除双边贸易和支付手段前进了一大步，但仍然对英镑区居民与他国的贸易中使用严厉的歧视性限制敞开大门，这个政策是为了防止与英镑区居民贸易的国家使用其英镑收益，使英国面临严重的黄金和硬通货储备流失。这种对英国居民歧视性地使用限制所产生的威胁，可用来强迫这些国家给予双边优惠或特惠。

义暗含着国际贸易和支付体系中最大程度的多边性、稳定性和自由性，但并不要求一定完全地、无条件地遵循这三个原则。

第一个原则——多边性，或许应该被当作最关键的，也是最容易达到的标准。它的对立面——双边贸易标志着战后初期自由兑换的彻底崩溃。1950年后双边贸易基本上得以消除，这主要是欧洲支付同盟协议和欧洲经济合作组织自由化法规作用的结果。但是，在欧洲内部宣布双边贸易为非法，以及逐步提高贸易的数量限制必须付出一定代价，于是，这两项协议都默认了一定程度的歧视待遇。

尽管无歧视待遇应被视为19世纪自由兑换体系的支柱之一，但实际上即使在当时，它也未被当作铁的法则来执行。于是，大多数贸易和关税协定中奉为法宝的“最惠国”条款，对无歧视待遇进行了详细阐述。但这一条款附带许多条件和例外，例如地区优惠——特别是在英联邦内部——一直得到那些由于地理、历史或政治原因有着密切联系的国家的因循认可。再者，由于一些国家（主要是美国）坚持对最惠国条款进行有条件解释，非歧视待遇中便揉进了互惠性原则。最后，为了限制一国或少数国家从一项新的关税折让中受益而制定的一些详细得近乎荒唐的税则目录条例，有时也使最惠国条款陷入重重困扰之中。

然而这些例外仅仅是例外。它们在数量上的综合影响是有限的，而且也从未给双边贸易在国际贸易和支付领域的任何重大扩 25
张开过绿灯。只要这种状况依然存在，贸易和关税限制就只有在本国国境之内才能保护国内生产商不受外国竞争者的影响。所有国家的生产者有均等的机会进入第三国家市场，这便能够使全世界出口商之间的竞争力保持完全的相互影响，并能迫使各国为了将自己的出口（以及劳务和资本项目中净收入或支出）保持在能够支付国外进口商品的水平上，不得不在国际上维持竞争价格和成本。

因此将自由兑换体系与多边贸易等同的想法实际上是非常诱人的，就像将自由兑换与无歧视地或至少是非双边性地使用关税或其他贸易和外汇限制视为完全一致一样。但这将引出关于国际政策原则的荒谬结论，因为无歧视限制达到一定高度或不稳定程度时会完全抑制贸易，后果远比较缓和的适度歧视限制严重得多。因此国际贸易和支付体系的三个理想原则即多边性、稳定性和自由性之间应有一些可接受的妥协，而切实可行的自由兑换体系的目标应该为这些妥协留有回旋余地。

出于一些即将明白的原因，在 19 世纪的环境中，就自由兑换体系所履行的各方面情况而言，仍然缺少这些妥协。关税限制按现代标准是极其有限的，数量限制实际上还不为人所知。最重要的是，关税很少发生变动，并经常通过贸易条约的谈判长时间地固定下来。关税的使用主要是出于税款收入和保护的目的，基本上或完全不作为调节国际收支的手段。

但是，由于没有一个国家（不管它是否实行自由兑换）能够不谋求与其他国家结账时达到必要的平衡，因此 19 世纪自由兑换体系的维持依靠的是采取其他调节方法，靠的是贸易或外汇管制和改变汇率以外的其他手段。但现在已证明，这些 19 世纪的调节方法已不再有效或不能再被采用，应该有新的手段来取代它们的位置，否则就会压低我们自由兑换体系的目标，把它降到比过去更逊

色的标准上。对这些政策问题的进一步考察将留在本章的第二部 26
分进行。

第一次世界大战前自由兑换体系有效运行的原因何在？

是什么原因使自由兑换体系在1914年以前正常运转，又是什么原因造成它在以后的45年中（除20世纪20年代末有短暂的辉煌外）不再有效？

理论上的和教材中的记述在解答这两个问题时，倾向于把重点放在国际收支调节的矫正机制上。古典理论强调货币流动的作用，以及它在“矫正性”的价格调整和恢复国际价格和成本的竞争性构成方面的影响。现代理论家则更着重于收入转移机制及其对经济活动和就业、价格和成本的影响。他们在分析中对古典理论关于国际收支调节的有效性和均衡趋势的观点非但没有削弱，反而有所加强。但同时提出尖锐的疑问：只要这种机制成为要由经济活动和就业而不是价格适应性来承受的负担时，就对它在理论上是否符合需要，在实践中是否可以接受，提出严重疑问。于是他们便将一次大战后自由兑换体系的崩溃归咎于日益增长的价格、成本和工资刚性干扰了原有的适应性，归咎于自由兑换体系调整给经济活动和就业水平造成的影响，归咎于这一机制所引起的来自政府和舆论的政治和社会抵触意见。

对这一分析我并无异议，但我认为在解释19世纪自由兑换体系之所以成功的一些制度性因素时，上述分析尚欠明确。

这些因素的其中之一曾引起陶西格及其学生的密切关注：资

本流动的巨大规模资助掩盖了往来账户中的不均衡——因而成为永久性的而不是纠正性的。因此在长达几十年，甚至从拿破仑一世的战争到第一次世界大战的一个世纪中，即便存在巨大的、持久的并且经常加深的收支失衡，但却从未显示出应该进行纠正的信号或需要。例如，美国从 1850 年到 1914 年期间的净资本流入量估计平均每年达到甚至超过 5000 万美元，而英国的净资本流出由
27 19 世纪前半期的每年 3000 万美元增加到后半期的近 2.5 亿美元，到第一次世界大战爆发前几年(1906 年—1913 年)已接近 9 亿美元。①

当然，这并不意味着因此便不存在任何矫正性调整的必要，也不意味着民间的资本流动能自动缓冲一个国家国际收支账户不平衡的任何趋势。相反，能否获得这样一种规模的缓冲资本，在很大程度上依赖剩余赤字(往来账户加私人资本项目)能够期望得到较为迅速和顺利的纠正。但是只要这一机制仍在运行，那么在不使用贸易和外汇管制和大多数情况下不使用汇率下跌手段时，逆差国就能比较容易地接受并完成该剩余赤字的调整。

19 世纪自由兑换体系成功运作的第二个因素在于，对于重大的不均衡，当时的货币和银行体系结构能够事先阻止其产生，而不是事后通过价格和收入的重大调整来进行更正。尽管 19 世纪的

① 这些估算来源于商贸部 1958 年出版的《国际收支统计增补》(*Balance of Payment Statistical Supplement*)(第 10 页)，以及 1952 年《经济史回顾》(*Economic History Review*)第 208—239 页，阿尔伯特·A. 伊姆拉赫(Albert A. Imlah)的“1816 年—1913 年英国国际收支和资本输出”(British Bodance of Payments and Export of Capital)。也可参见伊姆拉赫的近期著作《英国统治下的和平中的经济环境》(*Economic Elements in the Pax Britannica*)，哈佛大学出版社，1958 年。

价格和成本有较大的灵活性，我仍然非常怀疑为了恢复国际收支的平衡而削减20%或30%的工资，这在当时是否比现在更能让人容忍。事实上，自由兑换体系通过国内价格和收入的适应性来纠正基本失调的能力，几乎没能在主要西方国家得到检验，而正是这些国家构成了该体系的核心。一旦这种能力要在这些国家接受检验时（就像大多数拉美国家曾多次发生的那样），一律是通过货币贬值来纠正失衡，而不是由金本位制所要求的国内价格和收入的适应性来承担。

在事前消费超过生产时，一般采取价格上涨和国际收支逆差这两种互相替代并常常是互相补充的方式来适应这一情况。消费和生产的缺口只有在筹措资金时才显露出来，就一个国家整体而言，资金的筹措只能有两个来源：经济中的非银行部门的国外投资净额的减少或者从国内银行系统的净借款。[①] 28

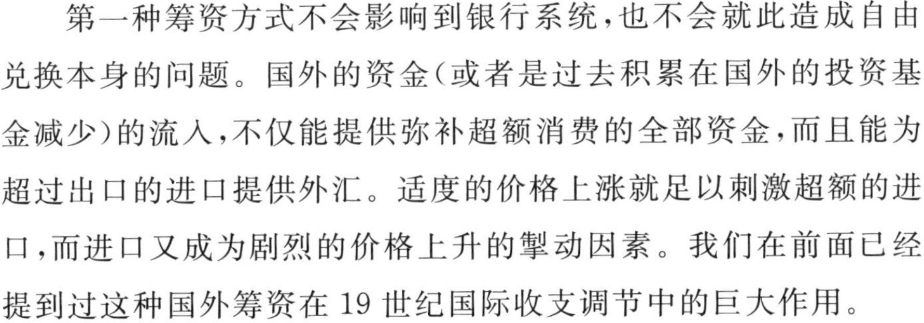

第一种筹资方式不会影响到银行系统，也不会就此造成自由兑换本身的问题。国外的资金（或者是过去积累在国外的投资基金减少）的流入，不仅能提供弥补超额消费的全部资金，而且能为超过出口的进口提供外汇。适度的价格上涨就足以刺激超额的进口，而进口又成为剧烈的价格上升的掣动因素。我们在前面已经提到过这种国外筹资在19世纪国际收支调节中的巨大作用。

---

① 欧洲经济合作组织在1960年春公布17个成员国战后货币发展的综合估算，这份材料充分地解释了上面扼要的句子所总结的分析类型而且将之应用于经验数据，困惑的读者还可以同时参阅我的《欧洲与货币泥沼》第49—53页，以及美洲大陆中央银行技术专家第五次会议的《备忘录》（*Memoria*），第Ⅳ卷第293—311页，“货币和收入一体化分析的简化方案”（A Simplified Scheme for the Integration of Monetary and Income Analysis），共和国银行出版，波哥大（哥伦比亚），1957年。

国外投资净额的一种特殊形式，是用现实的库存现金为超额消费提供资金，这种库存现金必须是国际上公认的金币（最初为银币）。与现在不同的是，当时公众持有的大部分通货都以这种国际货币的形式存在，而不是对国内银行系统的信用债权。通过这种减少国际现金储存的方式来弥补超额消费，也可以自动地为超额进口提供所需外汇，并抑制国内价格上涨势头。

只有当弥补超额消费的资金由国内货币和银行系统通过扩张银行信用或紧缩未清偿债权（尤其是纸币和存款）来筹措时，才会产生自由兑换体系的问题。但这种资金筹措方式所造成的困难并不一定与国际收支逆差有关，也不一定纠缠上国家货币的命运问题。不管整个国家的国际收支状况如何，这些困难首先在那些信用扩张速度超过了其他银行的个别银行机构中集中体现出来。这个毫无远见的银行可能会被迫中止其支付，但这只影响它自身存
29 款户的资金流动，不会波及国家的总的货币。当然在多数情况下，中央银行的援助将及时有效地解决该银行的问题，但援助规模不能危及中央银行自身的流动资金状况和国家通货的稳定。中央银行与其私人客户和国家的其他信用业务，也必须适应维护自身流动资金状况的需要，而不应是为了诸如维持充分就业、价格稳定或国际收支平衡之类的国家目标。

无论哪个国家奉行这些金融传统，都能最有效地阻止造成价格和成本重大失调的膨胀过度行为。这些传统依赖的是自由放任学说，该学说在各国有影响的金融、经济和政治集团中占统治地位。但对外战争或国内战争可能迫使国家当局偶尔背离这些公认的行为准则。但这种情况多数发生在政治上与西方没有牵连的不

发达国家。除了这些意外事件外，价格和经济活动的重大波动大致上是与主要贸易国的周期同步，在维护货币自由兑换时，只需要做一些适度的调整，因此这些调整是可行的。

第一次世界大战后自由兑换体系的崩溃

国内金融政策的这种自发协调机制，经过两次世界大战以及世界性大萧条，已无可救药地被摧毁了。国家政策的新学说和新方法已经产生，每当保持外汇自由性和稳定性与其他压倒一切的国家目标开始发生冲突时，它们便使前者服从于后者。这些新方法在贸易和金融领域包括：

1.为了承担国家自身的赤字，中央银行广泛使用发行权；另外，在符合国家货币当局的愿望或仅仅符合当局的现有规定的条件下，其他银行也使用信用扩张。

2.不再愿意让这类信用政策从属于下述两种目标的维持或恢复：一个是竞争性的价格与成本，另一个是对外总收支的平衡，不再愿意以货币当局可获得或可动用的黄金及外汇资源来维持现行的价格与汇率。

3.当国家由于调节外部支出与外部收入平衡而使金融储备枯 30
竭或接近枯竭时，被迫采取货币贬值、贸易和外汇管制措施，甚至采用普遍定量限制，或者这几种手段配合使用。

世界贸易和支付体系在这些制度上的发展所带来的主要后果，是战争期间和战后时期金本位制的崩溃，这就是说，汇率波动和贸易外汇管制已成为普遍现象。金本位制崩溃是一个逐步的过程，发展到战后初期终于导致了双边贸易泛滥。双边贸易体系给世界各国及国际社会造成的损害，最终变得非常明显，促使大家决心以坚韧不拔的毅力来扭转这种趋势，恢复对外贸易和支付协议的自由性和稳定性。

虽然从以上方面看，这些新方法被证明是最可行和最成功的，我仍将在以后的讨论中保留对它们进行审查的权利。而现在，我们应将注意力集中于上述政策对资本流动和货币储备的作用所产生的影响方面。

第二章　货币储备作用的变化 31

国际、国内货币和银行体系的重大变化，从根本上改变了国际收支调节中货币储备和其他资本流动的作用。

目前对储备需要量的探讨主要着重于储备在冲抵国际收支逆差方面的作用，对储备充足的衡量依赖的是一个粗略的近似数，它以一国总储备相对年进口量或外汇交易额的比例来表示。这一概念与 19 世纪学者们的认识大相径庭，因此直到第二次世界大战之前它从未在储备问题的学术或政策分析中发挥过重要作用。[①] 对货币储备和货币发行的法律规定，国与国之间有很大差别，但都不涉及一国的进出口水平。法规唯一直接关注的是避免货币发行量过大。为达到这一目的，或者依靠限定最高发行量，或者限制信用发行（即发行银行可以超过它作为货币的对等物持有的金属储备的那部分货币），还可以规定储备与纸币发行或即期负债的最小比例。最后一个标准与银行家关于其自身流动资金需要量的实际经验最为相符，并越来越成为决定储备充足的法定或惯例标准。流动储备和即期债务之间保持 1∶3 的比例逐渐成为中央银行和商业银行业务中的一般最低水准基点。 32

① 它作为中央银行管理的原则之一，第一次被明确承认是在 1944 年中央银行立法时。见作者所著《巴拉圭货币和银行业改革》（*Monetary and Banking Reform in Paraguay*），联邦储备银行董事会，华盛顿 1946 年，第 82—84 页和第 136—137 页。

毋庸多言，这将导致中央银行储备与国家进口水平的比率在各国之间差异极端悬殊。例如，据估算，1913 年英格兰银行的该比率不足 5%，而法兰西银行则超过 40%。[①] 这一对比对于货币管理来说不是没有意义的，而且人们也经常抱怨英格兰银行为保护自己脆弱的储备水平而频繁地改动贴现率。但是，该银行是一个私人机构，既以为公众更多的服务为动机也以追求利润为动力，它依据过去的经验判断流动资金需要量，对超过需要量的不获利黄金资产的积累表现出极不情愿的态度。私人资本流动一向被认为是缓解国际收支波动的正常来源，需要的时候，可以通过公开市场业务和改变贴现率来加速其流动。从银行的观点看，检验这一机制的关键在于，在黄金储备的流失远未危及到银行流动资金之前。是否就可以将这种势头扼制住。

第一次世界大战和世界性大萧条给金融机构和政策带来的根本变化，彻底改革了货币储备的作用，在货币储备量度和充足性方面也就此产生了根本不同的认识。

首先，金币在世界范围内从货币流通中消失，极大地降低了中央银行流动资金的重要性，中央银行再也不需要出于国内流通的目的，为把银行存款和纸币兑换成法定金币而持有储备。储备流失现在只与该国国际收支对外赤字有关。在封闭经济中，中央银行仅凭印钞能力就能完全保证其流动资金，过量发行只反映在通
33 货膨胀对价格的压力上，而不影响银行流动资金。

① 这一悬殊惊人的对比中，只有极小的一部分是由于两家银行黄金储备与负债的比例不同而造成的(英格兰银行接近 35%，法兰西银行为 50%)。而大部分差别应归因于英国私人银行存款在总货币供给中的作用要大得多，而且与法国相比，英国进口对 GNP 的比例也高得多，货币对 GNP 的比率却较低。

其次，私人资本的国际流动不再是缓解往来账户不平衡的靠山。对货币贬值和外汇管制的顾虑情绪，经常促使私人资本由逆差国流向顺差国，这非但不能缓解，反而恶化了往来账户失衡的不利影响。[①] 在两次战争期间，“热币”的这种流动就在许多情况下，在避开外汇管制的法规网方面起着特别重大的作用，现在也是如此。从另一方面看，现在官方贷款和赠款的空前发展提供了数额巨大的缓冲资产，部分替代了金本位制时代的私人资本流动。国际货币基金组织，国际复兴开发银行、欧洲支付同盟、欧洲基金组织、欧洲投资银行、科伦坡计划等，正是为这种目的而特别建立起来的。英国和法国还逐步增加了对其海外领地和联合货币区的庞大的金融援助。美国在战后初期的马歇尔计划和其他对外援助计划(不包括军事赠款)，使非常有限的国外私人投资流量相形见绌，直到现在仍约占美国全部资本输出的一半。

但是，官方赠款和贷款不是为短期失衡提供资金的正常和可靠来源，它们通常需要经过长久且并无把握的协商，决定协商最后成功的因素，有时是未来的借款者不能接受的政治和经济条件。尽管国际货币基金组织(以及直到最近宣告结束的欧洲支付同盟)已使协商的程序变得更为灵活和自动，各国现在仍然把自己的货币储备当作对付国际收支暂时逆差的首要和最重要的一道防线。

货币储备的主要职能不再是维护单个中央银行的全部流动资
金，而是为国家外部交易的短期赤字提供资金。能够用这种方式 34
适当应付的赤字可划分为两种类型。第一种是可逆赤字，纯粹反

① 国际政治紧张局势是资本流动不稳定的深层因素，即使完全恢复了对经济政策明智性的自信，这一因素也将继续使资本流动陷于瘫痪或扭曲。

映往来账户和资本账户中对外收入和支出的暂时波动。这种赤字显然应该以资金弥补，而不是采取政策手段予以阻止或立即纠正。针对暂时不均衡因素调整基本政策（如通货紧缩或货币贬值），实际上会给国家经济种下祸根，造成更根本和更持续的不均衡。在这种情况下，储备短缺很可能导致贸易或外汇管制的实施，而在其他情况下这种手段本可得以完全避免。

第二种是较根本的失衡赤字，需要采取纠正性手段。其中最适当最合理的弥补措施操作起来是相对缓慢和平稳的，但仍然剩下了对可藉以逐步消除赤字之资金的需要。

在上面两种情况下，储备不足都将迫使逆差国采用其他情况下不必要采用的通货紧缩、货币贬值或管制手段，一味来保证其支出与收入近于完全持平，对于维护该国国际交易长期均衡的需要反而置之度外。

第三章 储备的量度和储备充足的标准

货币储备作用的深层次变化要求储备量度的方法和充足标准产生相应的变化。但这些方法和标准不能用一个精确的、明白的公式表达，也不是在不同时间、对不同国家都恒定不变。在经济政治因素不稳定的环境中，储备应该高于有较大稳定性的地区；不发达国家的出口收益和资本输入水平变化无常，其储备也应高于富裕和多种化经营的工业国。储备的积累，一方面与国家财富和储蓄有关，另一方面又与筹措资金以满足发展经济性进口的需要有关，因此这种负担在前者国家不幸比后者更为沉重。因此，在权衡需求和代价的过程中，与发达国家相比，对于为了避免或尽可能少地使用不合需要的货币贬值或管制手段而保持一定储备水平这种政策选择，不发达国家很可能将它置于较次要的地位。

在任何特定时期，在评价任何一个国家需要多少储备时，应将以上这些和其他因素都考虑在内。对于需要储备提供资金的未来赤字，其大小首先要以过去经验为基础从数量上进行量度。然后根据外部和内部可能的发展方向，利用有关线索，对这个初步的约数，向上或向下进行校正。①

---

① 例如，储备与货币和其他对银行系统的流动债权间的比率可能特别有关联，当过去的“补偿”政策将该流动债权与GNP的比率推进到一个异常高的水平时。私人银

36 这种方法思路，我们在对世界流动资金需要量进行广泛考察时不能使用。数据的可获得与否和计算的简便程度必然决定量度方法的选择，它应适宜于在时间上和国家间进行综合性的比较。若要精确地确定储备充足水平，所得结果确可认为过于粗略，但却足以说明现今和未来的储备水平是有可能促进还是可能严重阻碍国际货币自由兑换体系的顺利进行的。

在对储备是否充足进行评价的所有方法中，总储备对年进口的比率至今仍然是首选方案，尽管必须承认，人们认为它并不准确。这种选择的主要原因在于，IMF 工作人员在《世界储备和流动资金》[①]的近期研究中，列出了战前和战后 11 年间世界所有地区中 60 多个独立国家的这一比率，使用现成的计算数据自是十分方便。其次，这个比率在战后所有有关的讨论中使用最为普遍，现在许多国家的货币当局也习惯于使用这些术语来考虑储备充足问题，并据此行事[②]。

（接上页）行现金储备的现状，以及货币当局对银行信贷政策通过法律或规章制度实施的控制有所加强或削弱，都将影响在必要时采取纠正措施的速度。

① 华盛顿，1958 年。

② 我本人倾向于另外选择一个比率，即储备与国际收支往来账户（而不仅仅是商品收支）的收入（而不是支出）之比，但也包括净私人单方面转移，因为它在一些国家的国际收支中起着重要的平衡作用。读者们不值得将注意力放在支持和反对这一观点的争论上，因为这一问题只具有学术上的意义，除了极少数情况外，两种量度方法得出的结论是相同的。

蒂伯·西托夫斯基（Tibor Scitovsky）在其《经济理论和西欧一体化》（*Economic Theory and Western European Integration*）（斯坦福大学出版社，1958 年，第 101—109 页）一书中，就储备充足问题进行了推理严密的、有启发性的论述，研究经济学的学生应在这方面花费一些时间。货币储备对货币供给或对更广义的概念，相对流动负债的比率，也值得人们倾以更多的、超过往往所指 IMF 研究所给予的注意力。

最后应该提到的是，这些计算中所使用的货币储备估算数，夸
大了时间上和空间上的肯定性和可比性。各个国家的上报方法并
不统一，最重要的是在那一段时期，英镑资产的“储备”实质，在报
告中有了明显的变化。战后早期，“可转移的”尤其是“双边的”英
镑账户，在使用和接收方面都被加以严厉限制。这对于那些与英
国或英镑区时常保持逆差的国家来说无足轻重，但是对于那些与 37
其他国家（尤其是美元区的国家）在双边贸易中出现赤字的国家来
说却是至关重要的，因为这些赤字不能通过使用英镑账户来结算。

另外，国际货币基金组织尝试着将外汇储备划分成几个主要部分（英镑、美元、EPU——欧洲支付同盟——和 BIS——国际清算银行——要求权），但这只是一个初步的大致分类。这个限制条件尤其适用于英镑的**官方**储备，因为它的估算是在最近才得到的，而且只有 1945 年年底、1951 年年底和 1957 年年底的数字。（《经济动向》，1958 年 5 月号，第Ⅷ页）货币基金组织除去英殖民地和美元区持有的英镑外，把全部英镑都算作官方储备，这是不妥当的。

尽管在我们进行更精密的分析时，这些限定条件依然非常重要，但它们不会过于影响到我们即将谈及的储备是否充分的评价问题。在一些情况下，我们仅仅在初步的储备需求数量基础上得出的结论，会受到这些条件的极大的影响，到那时我们应再次予以适当注意。

38

第四章　1957 年底的储备是否适度的状况

对 1957 年底储备水平进行评价时，首先应根据过去的经验，其次要根据已知的或推测的单个国家对其自身储备需要量的估算。

历史资料概览：1913 年—1957 年

据国际货币基金组织的估算，1957 年底全世界黄金和外汇储备量约为进口量的 49%，而 1928 年为 42%，1913 年只有 21%；仅黄金储备 1957 年为 35%，而 1928 年为 32%，1913 年只有 19%。[1]这些统计数字不包括中央银行和财政部以外的流通金币。鉴于第一次世界大战以前私人黄金储备在调节国际收支方面的重大作用，上述的这种排除法很难自圆其说。私人黄金储备由于不受货币当局的直接控制，经常在困难时期构成中央银行储备的强大后援。[2] 如果将黄金流通考虑在内，1957 年货币用黄金对进口的比率则大体相当于 1913 年或 1928 年的水平（35% 到 36%）。但若

---

① 《国际储备和流动资金》（*International Reserves and Liquidity*），第 18 页。

② W. 爱德华·比奇（W. Edwards Beach）在其著作《1881 年—1913 年英国国际黄金流动和银行政策》（*British International Gold Movements and Banking Policy*）（哈佛大学出版社，1935 年）中，对美国（第 146 页）和英国（第 76—77 页）的国外和国内黄金流动之间高度负相关关系进行了研究。国际收支赤字的结算中，黄金的外部流失部分地由同时紧缩国内金币流通并使其回流到中央银行来补充和弥补。

按过去的标准衡量，这个比率是相当低的，[①]远远低于 20 世纪 30 年代的水平（约 100%），也大大低于 20 世纪 40 年代的水平 39 （55%—60%）。

以上对比并不十分贴切，原因有如下几点：

首先，自第一次世界大战以来，外汇储备在世界货币体系的作用远胜于 19 世纪。美国和英国的对外负债中，外汇储备占了相当大的成分，这两个国家相关于进口的总储备状况再不能恰如其分地衡量它们的偿债能力。因此就全世界而言，总储备对进口的平均比率非常容易使人误入歧途，并且由于美国非正常的高储备和公认的英国低储备的权重过大，所以该比率也完全不具代表性。

最能让人接受的步骤，是将美国和英国分别视为世界货币体系的两个中心，并在现阶段的讨论中撇开这两个国家，将注意力局限在其他国家的黄金和外汇储备状况上。

其他国家的总储备与其进口的比率基本与 1913 年的相等，但与表 3 中其他任何年份的记录相比，则显得非常低。

鉴于 20 世纪 30 年代储备与进口的比率普遍远远超过了最低要求，因此我们应立即放弃这一不正常的高比率。这些高比率实际是普遍的货币贬值和世界贸易值灾难性下降联合作用的结果。

我们也应该在一定程度上不相信第二次世界大战后早期年代出现的高储备水平，因为这种高储备是由于存在大量不可兑换的英镑储备才膨胀起来的，而这些英镑储备已经不能与国际储备完

① 以国际同盟黄金小组的点估算为基础，对 19 世纪晚期进行抽样计算，所得的结果是 1873 年、1880 年、1890 年的比率为约 38%，1868 年和 1897 年的比率接近 45%。

全等同。没有人会认为第二次世界大战后早期的国际储备状况比现在更宽松更适当。

表3 1913年—1957年货币储备与年进口的比率

（百分比）

	所有国家			不包括美国和英国					
						外汇			
	总计	黄金	外汇	总计	黄金	总计	美元	英镑	EPUBIS
包括流通中黄金									
1913…….	39	36	2	35	32	3			
1928…….	46	35	11	44	28	16			
不包括流通中黄金									
1913…….	22	19	2	20	17	3			
1928…….	43	32	11	42	26	16			
1932…….	97	89	8	85	74	11			
1937…….	100	92	8	55	44	12			
1938…….	118	110	8	62	51	11	3	8	—
1947…….	87	61	26	54	19	35	5	31	—
1948…….	78	55	23	46	15	31	6	25	—
1949…….	73	55	18	40	16	24	6	17	—
1950…….	80	57	23	49	19	30	10	18	1
1951…….	58	42	16	37	15	22	7	13	1
1952…….	59	42	17	38	16	22	8	11	2
1953…….	64	45	19	44	18	26	11	12	3
1954…….	64	44	20	44	18	26	12	12	3
1955…….	58	40	18	42	18	24	12	10	2
1956…….	54	37	17	39	17	22	11	8	2
1957…….	50	35	15	35	16	19	9	7	2

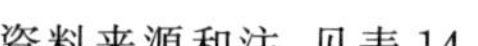
资料来源和注：见表14。

自1913年和1928年以来，金融体制上所发生的根本变化也排除了与这些年份直接比较的可能性。但现有储备比这些年低，这一事实仍是十分重要的，因为这两次变化都具有这样一种性质，

即要求储备与进口之间有一个*较高*的比率，以便在国家政策发生
变化的情况下，以及在危机时期更加不利于资本流动的规模和方 40
向的环境中，能够促进维持自由兑换体系。另外应该提醒的是，在
1928 年人们对储备适度性问题也存在严重忧虑，以至在国际同盟
金融委员会的敦促下，当年便进行了一次广泛的调查。[①]

到现在为止，在加以考察的记录中，只有一个事实需要保留。
同过去的一百年相比，1957 年底的储备比任何时间都低，并且自
1954 年底开始就一直以惊人的速度下降。除开美国和英国，若将
世界所有国家视为一个整体，则储备量占年进口的 35%。那么对
于维持一个有效的国际自由兑换体系来说，在这样的储备水平是 41
充足还是不充足的问题上，还能指出更多的东西来吗？

自由兑换体系下的国家储备需要量

由于本书前几章已充分讨论过的那些原因，[②]在对必需的和适宜的、相关于进口的储备水平进行评价方面，国与国之间有极大的差异。除了讨论中所提到过的，或者促进或者阻碍维持高储备水平的结构因素有所不同外（财富和储备的相对水平、银行货币和货币总量的比率、货币和进口与 GNP 的比率，等等），在遏制通货膨胀压力和免于诉诸贸易和外汇管制手段方面，有的国家也显得比别的国家更无能力或者更加坚持。

货币基金组织的研究非常重视这些差异，并在一系列图表中强调了各国之间以及各年度之间储备比率的重大差异。1957 年，

① 见本书第 23 页和该页的脚注②。

② 见本书第 38、41 页。

玻利维亚的储备只有进口的1%，而葡萄牙为137%，工业国家（美国和英国除外）中储备不到进口的30%的国家，在1955年到1957年增加了一倍，从占总数的四分之一上升到二分之一。在1957年，27%的非工业化国家的储备比率接近20%，而四年前只有8%。

但是这些重大差别掩盖了基金组织报告中正式注明的一些基本倾向和规律。这样，许多非工业化国家在战争期间不自愿地积累异常高的储备，但当供给再次好转时，却大量从中支取用于增添存货和发展的需要，因此这类国家的平均储备比率由1948年的73%降至1957年的37%。另一方面，西欧大陆在战争期间和战后早期遭受了严重的储备流失，但在1948年到1957年间便使其储备增加了一倍多。

在各类国家中，都有一些国家（诸如瑞士、葡萄牙、委内瑞拉、伊拉克和伊朗）出于不同的原因，倾向于坚持维持高储备水平。而另一些国家（如挪威、丹麦、南斯拉夫、以色列、马来亚、加拿大和南
42 非）似乎更满足于将储备水平保持在进口的30%，甚至20%以下。①

表4　储备水平的地区性差异

	1928	1937	1948	1957
I　占进口的百分比	43	109	89	55
A　OEEC的大陆国家	46	78	40	42
B　非工业化地区	42	51	73	37
1.拉丁美洲	47	51	44	41
2.英镑区外围国家	28	46	95	41
3.其他国家[1]	50	67	74	30

① 参见《国际储备与流动资金》第46—55页，及正文中的表4。不过，发生于战争结束到1948年间的，非工业化地区储备的大幅度下降并未在表中显示出来。

续表

	1928	1937	1948	1957
C　加拿大	7	21	33	29
D　英国	13	81	24	21
E　美国	85	358	303	161
II　占世界总储备的百分比	100	100	100	100
A　OEEC 的大陆国家	39	24	13	28
B　非工业化地区	25	14	28	21
1.拉丁美洲	9	3	6	7
2.英镑区外围国家	6	5	16	8
3.其他国家[1]	11	6	7	6
C　加拿大	1	1	2	3
D　英国	6	15	4	4
E　美国	29	46	25	43

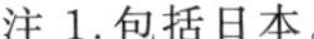

注 1.包括日本。

资料来源:《国际储备和流动资金》,附表 1,第 100—101 页。以上数字与表 3 的全球估算数字有不一致之处,一小部分是由于基金组织自身的估算误差,但主要是因为该表排除了殖民地区。

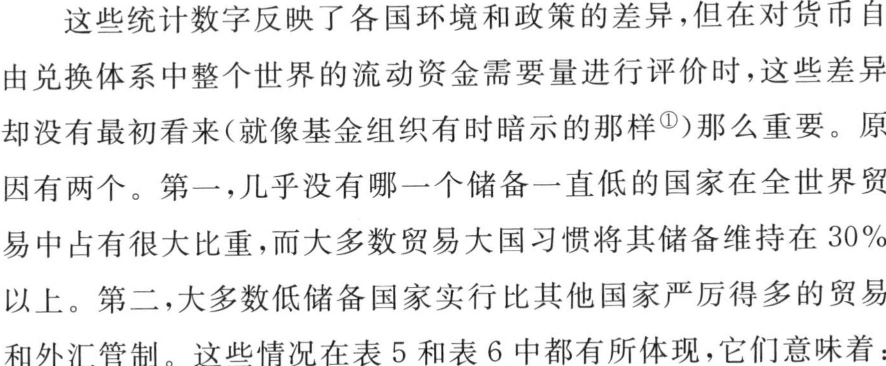

这些统计数字反映了各国环境和政策的差异,但在对货币自由兑换体系中整个世界的流动资金需要量进行评价时,这些差异却没有最初看来(就像基金组织有时暗示的那样①)那么重要。原因有两个。第一,几乎没有哪一个储备一直低的国家在全世界贸易中占有很大比重,而大多数贸易大国习惯将其储备维持在 30% 以上。第二,大多数低储备国家实行比其他国家严厉得多的贸易和外汇管制。这些情况在表 5 和表 6 中都有所体现,它们意味着:

1.一些国家拥有的储备可以一直比较低,但很有可能给恢复

① 例如见第 85 页对基金组织研究的评述。

和维持自由兑换体系带来极大困难，除非在必要时有其他资金来源作为保证。[①]

43 表 5　1953 年—1955 年平均储备水平

（不包括美国和英国）

各国及地区储备与进口的比率	储备与进口的平均比率	国家和地区教目	占总进口的比例	占总储备的比例
Ⅰ储备低于进口的 33%： 南斯拉夫(6)，丹麦(13)，挪威(15)，巴拉圭(16)，玻利维亚和智利(18)，秘鲁和西班牙(19)，海地和以色列(21)，哥斯达黎加(22)，尼加拉瓜和冰岛(23)，中国台湾和南非(25)，马来亚(26)，瑞典(27)，叙利亚和芬兰(29)，哥伦比亚(31)	22%	21	20%	9%
Ⅱ储备为进口的 33%—50%： 多米尼加共和国和法国(33)，墨西哥、韩国和新西兰(34)，菲律宾(35)，洪都拉斯和厄瓜多尔(36)，巴西(37)，印度尼西亚 (38)，加拿大(39)，黎巴嫩(40)，土耳其和比利时(42)，意大利(43)，日本和荷兰(45)，爱尔兰(46)，越南(47)，委内瑞拉(49) 危地马拉和萨尔瓦多(50)	40%	22	52%	43%
Ⅲ储备高于进口的 50%： 阿根廷(51)，锡兰和奥地利(52)，德国(54)，巴拿马(56)，希腊(60)，澳大利亚(61)，缅甸 (76)，古巴(78)，埃塞俄比亚 (81)，伊朗(85)，泰国(89)，巴基斯坦(101)，伊拉克(106)，乌拉圭(110)，印度(136)，埃及和瑞士(137)，葡萄牙(180)	81%	19	28%	48%
总计	48%	62	100%	100%

资料来源：《国际储备和流动资金》，附表 1，第 100—101 页。

① 本书后面第二部分的第四章提出的计划，将使 IMF 提供这种援助的能力得到极大的发展。

2.维持国际自由兑换,基本上依靠主要贸易国家的政策。这 44
些政策避免贸易和外汇管制的作用明显地是与它们保持充足储备水平的能力联系在一起的。[①]

表 6　1950 年—1957 年 12 个主要贸易国家的储备发展情况

（储备对进口的百分比）

	1950	1951	1952	1953	1954	1955	1956	1957	分类情况		
									低于20%	20%—32%	33%及以上
加拿大	55	44	42	38	43	37	31	29	—	2	6
德国	10	15	31	52	58	53	65	75	2	1	5
法国	44	20	23	24	32	44	24	13	1	5	2
荷兰	29	24	47	52	45	40	29	26	—	4	4
比利时	38	40	42	44	41	40	35	33	—	—	8
意大利	59	46	39	39	43	46	41	42	—	—	8
日本	58	46	54	37	43	54	47	24	—	1	7
澳大利亚	92	47	52	93	61	39	49	68	—	—	8
巴西	61	26	26	46	30	38	50	32	—	4	4
瑞典	150	120	138	150	141	124	107	98	—	—	8
印度	172	105	102	146	137	127	80	43	—	—	8
委内瑞拉	56	49	51	52	46	48	75	77	—	—	8
总计									3	17	76

资料来源:《国际储备和流动资金》,附表 1,第 100—101 页。

3.主要贸易国的储备需要量对世界货币储备需求所施加的影

① 只要美国、加拿大和西欧(其他大多数国家与它们有贸易往来)拒绝加入双边贸易协议,双边贸易在世界贸易中就只能占很小的份额。19 世纪金本位制的运行基本依赖主要贸易国的政策,其他国家尤其是拉丁美洲的汇率不稳定对它从来没有任何危害。现在欧洲和北美洲以外的其他国家实行外汇管制,同样不会对金融体制产生影响。

响力是无可比拟的（与那些较小的贸易国相比）。

表5按基金组织报告的储备数关于进口的比率将62个国家和地区（美国和英国除外）分为三组，这个分类以这些国家和地区
45 在战后时期三个最“正常”的年份（即1953年—1955年）中储备与进口的平均比率为基础。每个组的国家和地区数大体相同，但储备低于进口33%的国家和地区只占世界进口量的五分之一，不足世界储备的十分之一。此外，所有这类国家和地区的共同特征是，与其他储备水平较高的国家相比，贸易和外汇管制的使用要严厉得多。

若将62个国家和地区视为一个整体，则其中41个国家占总进口量的80%.总货币储备的90%以上。它们包括除斯堪的纳维亚半岛和冰岛以外的所有欧洲国家，以及除南非和马来西亚以外的所有年进口在1亿美元以上的国家。正是这些国家的政策（当然，包括美国和英国的政策）将主宰目前自由兑换体系实验的命运。但这些政策反过来又在很大程度上受这些国家某种能力的影响，这种能力表现在维护国家充足储备水平以避免不必要的贸易和外汇管制措施方面。这种储备需要量的全球水平与黄金生产和其他来源（主要是美元和英镑结存）的有效供给有关，也正是这种全球储备需要量在决定维持自由兑换体系的世界储备充足与否时，将起关键性的作用。

在这41个国家中，12个国家的进口约占62国和地区进口的60%，其货币储备占65%。表6列示了1950年—1957年这八年中这些国家每年的实际储备比率。从中可看出，储备率低于20%只有三例，其中两次出现在1950年和1951年的德国，那时该国还

未从战争遗留的经济和金融衰落中振作起来；第三次是1957年，是法国处于深重的外汇危机之中而造成的。另外有17例，储备低于进口的33%，其中9例发生在法国和巴西，它们都伴有外汇严 46
格管制。在余下的所有76个数例中，储备全都保持在进口的33%以上。

战后这八年的全部记录有力地说明，大多数主要国家的目标应是在大部分年份中使其储备水平保持在40%以上。只要这一比率有所降低，例如低于30%或33%，这些国家就会感到有责任采取重大调整手段；一旦面临持续地或严重地低于标准比率范围①，就会被迫考虑采取极端严厉的管制措施。20%的总储备水平被公认为是一个绝对最低值，标志着特殊的紧急事件的发生，诸如战争爆发，或国外短期或中期贷款谈判中必不可少的附属担保品。

在正常条件下，一些国家所持有的超过33%的储备的实际数量，远远超过了另一些国家按同一水平计算的欠缺量。因此毋庸置疑，除美国和英国以外的所有国家在1957年所达到的35%的平均储备水平，同世界流动资金需要量的任何合理估算相比仍然是低的，一旦出现进一步紧缩，使储备低于这一水平时，许多处于主导地位的国家即便愿意并希望实行自由兑换政策，此时也很难再坚决地奉行下去了。

---

①　基金组织的研究（第48页）同时也表明，大多数发达国家"看来好像努力使储备比率达到30%到50%，或者在40%到50%"。意思是说，一旦储备低于这一水平它们将尽力使之增加；如果增长超出了这一范围，它们就会认为采取更扩张的政策才是适宜的。

如果承认了这一结论，则我们应该进一步提出两个问题：

1.在以后几年，储备的未来发展和供给状况对于除美国和英国外的国家当前的储备短缺状况来讲，可能缓解还是加剧？

2.我们如何评价当前金汇兑本位制中的两个核心国，即英国和美国，现在以及将来的储备地位？

在以下两章中，我将尝试着对这两个问题进行一些剖析。

第五章　对 1958 年—1967 年十年间储备充足状况的展望 47

储备需要量的展望

基金组织的《国际储备及流动资金》研究中，对今后十年的储备增长进行了推算。这种增长是为了防止相对于世界进口的世界储备进一步下降所必需的。

基金组织的推算建立在这样一个假定基础上，即储备的年平均增长率为 3%。这样可得出，在 1957 年—1966 年这十年中，世界储备需要增加 190 亿美元，而在这一时期中，新生产的黄金和苏联销售的黄金货币化后，预计为 70 亿美元。由于考虑到四个高储备国家——美国、德国、瑞士和委内瑞拉可能不会继续增加自身储备，于是基金组织又着手将需要增加的 190 亿美元降低到 80 亿美元。这样，要求增长的储备量与预期的黄金新产量和苏联销售所提供的储备数量之间，只有一个微小的缺口，它不会引起任何严重担忧，因为克服这一缺口所造成的困难是很容易的，而且确实可以克服而有余，办法是通过外汇储备的进一步增长（主要是美元结存）以及私人持有的黄金和美元的可能减少来弥补这一缺口。[1]

但这些乐观的结论面对的是无情的质问。首要的问题直指基

① 见《国际储备及流动资金》，第 69—75 页。

金组织假定为3%的“标准”增长率。基金组织的研究第70页列示了这一假定的数据基础，现缩略于表7中。从这些数据中根本看不出3%这样低的增长率。表7所显示的增长率的总状况要更加扩张得多：在19世纪80年代和90年代的萧条时期，增长率大约是3%—4%；第一次世界大战前10年为4%或更高一些；20世

48

表7　1876年—1957年贸易和制造业的年平均增长率

（百分比，复合增长年率）

	贸易		制造业活动
	初级产品	制成品	
Ⅰ战争期间和20世纪30年代大萧条时期			
A.1913年至1920年			-1
B.1913年至1921—25年	-1.5	-2.6	0.3
C.1926—29年至1931—35年	-1.9	-5.7	-1.5
D.1938年至1948年	0（两项合计）		3.7
Ⅱ“正常”的和平时期			
A.1876—80年至1901—05年	3.3	2.8	4.1
B.1901—05年至1913年	3.5	4.7	4.2
C.1921—25年至1926—29年	6.3	7.1	6.8
D.1948年至1956年	7.5（两项合计）		6.1
E.1950年至1956年	6.5（两项合计）		5.7
F.1950年至1957年	6.3（两项合计）		5.1
G.1951年至1957年	5.4（两项合计）		5.0

资料来源：“正常”年份的估算数字得自于国际货币基金组织的《国际储备和流动资金》一书，表17，第70页。

战争时期和20世纪30年代大萧条时期的估算数字是根据原始资料（国际同盟《工业化和对外贸易》（*Industrialization and Foreign Trade*），1945年，第130和157页）给定的指标计算而得，这些指标曾在IMF专著第104页引用过。这几年的平均增长率（除1938年—1948年），在原数据中并未单独显示出来，而是将较长一段时期合并计算而得平均增长率。

纪20年代和第二次大战后每年平均增长6%—7%。只有战争时期和20世纪30年代世界经济大萧条时期的增长率过低且多为负数。这样可以看出,基金组织所假定的3%的增长率,只有当“标准的”和平时期的数字经过战争及大萧条时期不正常的低增长率的平均后,才显得有此可能。因此,根据第二次世界大战或又一次深重持久的世界经济大萧条的假设来预期储备充足状况,不能算是一个鼓舞人心的政策指南。我认为,最低限度应该做到的是,以
不同的储备增长率为基础,例如假定年平均在3%—6%,提出可 49
选择的未来储备的推算数字。如表8所示。[①]

基金组织的推算中另一估计不足之处是,它将一些高储备国家(美国、瑞士、德国和委内瑞拉)排除在外,却没有将低储备国家的增长估算数相应地向上调整。相反,基金组织的研究评论道,“值得怀疑的是所有其他国家是否愿意将储备增加得这么多”。这一论述从形式上讲是正确的,但同时也极易让人误入歧途。尽管
可能的确不是所有低储备国家都愿意增加其储备的绝对数量来避 50
免原本不高的储备比率进一步下降,然而我们可以期望:会有某些国家毅然而正确地表明,将储备水平恢复到适度的水平,对于通货可兑现性的充分实现与巩固是令人满意的进步,而且这些国家储备的增长额将会抵销低储备国家中另一部分的下降而有余。

① 应该注明的是,根据假定的自然增长率而推算的所有数字,都没有考虑价格上涨对流动资金需要量的影响。如果不打算通过这种促进或刺激物价膨胀的途径来增加国际流动资金,那么这种计算方法当然是合理的。但是如果主要贸易国实际上不可避免要采用这种增长手段,那么将流动资会做相应的适应性调整比选择诸如重估黄金价值或者是苛刻的贸易或外汇管制等调整手段更可取。

表 8　对应于不同增长率的世界储备增长

（单位：10 亿美元）

	增长率			
	3%	4%	5%	6%
Ⅰ.1958 年—1967 年十年间				
1.所有国家	18.5	25.8	33.7	42.3
2.排除美国、德国、瑞士和委内瑞拉	7.5	10.4	13.7	17.2
3.包括英国和法国恢复到 40%的储备水平	12.7	16.2	20.0	24.1
4.在(3)的假设下，新黄金产量和苏联黄金销售的假定供给所能满足的百分比：	55%	43%	35%	29%
Ⅱ.在上面假设(3)的基础上 1967 年的情况				
1.以 10 亿美元为单位	1.0	1.5	2.0	2.6
2.新黄金产量和苏联黄金销售的假设供给所能满足的百分比	70%	48%	35%	27%

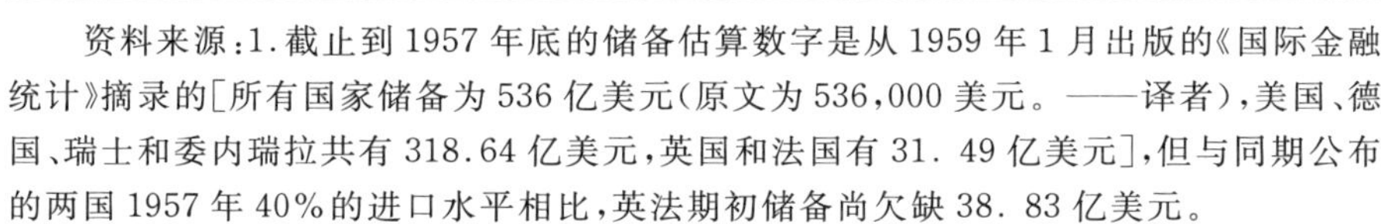
资料来源：1.截止到 1957 年底的储备估算数字是从 1959 年 1 月出版的《国际金融统计》摘录的[所有国家储备为 536 亿美元（原文为 536,000 美元。——译者），美国、德国、瑞士和委内瑞拉共有 318.64 亿美元，英国和法国有 31. 49 亿美元]，但与同期公布的两国 1957 年 40%的进口水平相比，英法期初储备尚欠缺 38. 83 亿美元。

2. 1958 年—1967 年，这十年货币用黄金的估算数字（70 亿美元），是从国际货币基金组织《国际储备和流动资金》一书第 72 页中得来的。

表 8 只对基金组织估算的法国和英国的这种储备增长水平进行了调整，所假设的两国储备的增长能使其储备达到进口的 40%。由此得出的结果是，到 1957 年底，英国的储备水平为 45.64 亿美元，法国储备为 24.68 亿美元，这两个数字简直可以与英国过去在关于自由兑换的讨论中作为储备目标的 50 亿美元相媲美，也可以与法国在 1955 年最后几个月所取得的 21 亿美元的储备水平一比高低。

即使在基金组织研究所假定的 3%的增长率水平上，在 1958 年—1967 年这十年中，新生产和苏联销售所能提供的预期黄金供给，也只能满足 55%的流动资金需求量。假如增长率为 4%，则能满足的流动资金比例下降为 43%；若增长率分别上升为 5%和 6%，则能满足的比例下降到 35%和 29%。在上述假设情况下，要在今后十年维持充足储备水平，就必须增加黄金产量，减少黄金囤积，或者以其他非黄金方式补充大约 60 亿美元到 170 亿美元的储备供给。

货币用黄金供给状况的前景

基金组织推算出今后十年黄金储备将增加 70 亿美元，由于这个数字是以基金组织工作人员以往卓越的研究成果[①]为基础得来的，因此比基金组织估算的未来储备需求量要可靠得多。表 9 的前三栏将研究成果的主要结论进行了概括。

根据以往的经验来看，这些估算基本上是合理的。表 9 中指定的非货币用黄金的概值最初显得很高，但若与过去的经历
相比（不包括 20 世纪 30 年代早期黄金升值后出现的大量抛售 51
黄金的时期[②]），并将 1928 年以来世界收入的惊人增长考虑在内，则情况不再如此。根据国际联盟对 1891 年—1928 年这一段时期的估算，用于艺术和工业用途的黄金数量似乎确实非常有限；从 1850 年到 1929 年，每十年的非货币用黄金占黄金总产量的 40%—60%。奥特曼先生认为（第 287 页），今后非货币用黄金会
占到总产量的 1/3 到 1/2，按表 9 对黄金产量的预测数字，非货币 52

① 奥斯卡 · L. 奥特曼，“对黄金产量和国际黄金储备增添量的笔记”（A Note on Gold Production and Addition to International Gold Reserves），《国际货币基金组织职员论文集》（*IMF Staff Papers*），1958 年 4 月，第 258—288 页。

② 见下面，第 60—63 页。

用黄金的吸收应该在3.8亿美元到5.25亿美元,那么用作货币的黄金数量将在5.25亿美元到9.7亿美元,最有可能是7.5亿美元。

表9 黄金的供给和使用:1890年—1957年的情况及对1958年—1967年的预测

(年平均数,单位:百万美元,1盎司黄金=35美元)

	1958年—1967年的预测			过去的平均数						
	悲观预测	乐观预测	概值	1952—1957	1945—1951	1939—1944	1934—1938	1929—1933	1914—1928	1890—1913
1.新产量[1]	1050	1150	1100	940	800	1090	970	780	670	520
2.苏联销售	—[2]	200[2]	100	105	10	30	-10	—	—	—
3.总供给(1+2=3+4)	1050	1350	1200	1045	810	1120	960	780	670	520
4.非货币用途[1]	660	330	470	495	440	-70	-310	480	280	220
a.艺术和工业用途	210	130	170	185	180	100	100	100	140	130
b.贮存	450	200	300	310	260	-170	-410	380	140	90
5.货币用途[1]	390[2]	1020[2]	730	550	370	1190	1270	300	390	300

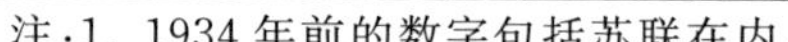

注:1. 1934年前的数字包括苏联在内。

2.奥特曼先生的研究估计苏联的黄金销售始终为1亿美元,因此在预测货币用黄金的补充时,只给定了5亿美元到9.2亿美元的狭小范围。

资料来源:该表的粗略估算数字是将下列资料合并而得:

a.国际货币基金组织:上面引用的奥特曼的专著,《国际储备和流动资金》,及1959年1月发行的《国际金融统计》(International Financial Statistics)。

b.《联邦储备公告》(*Federal Reserve Bulletin*)定期公布的统计表,以及1954年9月发行的《公告》中"私人黄金需求"(The Private Demand for Gold)一文,第935—944页。

c.国际清算银行《年度报告》(*Annual Reports*)自第二次大战以来定期公布的私人黄金需求估算,以及《第八次年度报告》(*Eighth Annual Report*)(1938年5月,第45页)中1931年—1937年的私人黄金需求估算。

d.截止到1954年6月的财政年度的《财政部长年度报告》(*Annual Report of the Secretary of the Treasury*),第294页。

e.国际同盟金融委员会黄金小组发布的多种报告,特别是它的《临时报告》(*Interim Report*)(1930年)第79—84页,第90—94页和第114—117页。

这些预测中最不堪一击的部分是苏联对西方的黄金销售量，对苏联黄金储备、黄金产量和黄金销售的所有估算都纯属猜测。奥特曼先生所引用的估算数是，1957年苏联黄金储备为70亿美元，当期产量为6亿美元。引起更多猜测的，是苏联在世界市场上进行黄金销售的未来政策的发展方向。当然，如果苏联出于政治或经济目的而过度肆意使用其黄金资源，那么在我们对未来黄金储备状况的预期中，所有有关储备充足的估算，都成为混乱不堪的一纸废文。

最后，还需要对另一个同样是臆想性的假设，即私人过去积累的黄金的潜在抛售量，再进一言。《国际储备和流动资金》研究，在没有任何资源来源的情况下，引用私人贮藏的黄金估计为“100亿美元到120亿美元左右，其中西欧占了1/2，仅法国就拥有1/3”（第66页）。这些估算数字恐怕靠魔术帽才能变出来，而这里的魔术师就是著名的黄金和外汇票据方面的报刊评论员弗兰兹·皮克。[①] 这种估算可与表10中的数据进行比较。表10是由较为官方的资料合并而成的。表中数据显示出“失踪的黄金”约有210亿美元，而其中私人贮藏黄金只有80亿美元。但是这些估算数字仍然具有高度猜测的性质，尤其是早期年代的数字更是如此，这使它们丧失了在政策上的实际重要性。对近年来黄金贮藏的累积估算虽然有所改进，但仍然很不可靠。这些累积估算数表明，1913年到1933年黄金贮藏增加了30亿到40亿美元左右，1933年到1944年减少了约30亿美元左右，1944年到1957年又增加了近

① 见奥特曼先生的文章，第286页，脚注57。

40 亿美元。

53 表 10　1493 年—1957 年的黄金供给和使用

（单位：10 亿美元，1 盎司黄金 = 35 美元）

	产量	货币用途	其他用途			期末累积总量				
			总计	艺术和工业用途	贮存	黄金储备	货币用黄金	失踪的黄金		
								总计	艺术和工业用途	贮存
1493—1849	5.2	1.8	3.4	2.6	0.8	5.2	1.8	3.4	5.2	1.8
1850—1869	4.3	2.7	1.6	0.9	0.7	9.5	4.5	5.0	3.6	1.5
1870—1889	3.7	1.4	2.3	1.8	0.5	13.2	5.9	7.3	5.4	2.0
1890—1913	12.5	7.2	5.4	3.2	2.2	25.7	13.0	12.7	8.6	4.1
1914—1928	10.0	5.8	4.2	2.1	2.0	35.7	18.8	16.9	10.7	6.2
1929—1933	3.9	1.5	2.4	0.5	1.9	39.6	20.3	19.3	11.2	8.1
不包括苏联和其他东欧国家，但包括苏联黄金销售量										
						36.9	19.6	17.3	10.1	7.2
1934—1938	4.8	6.3	-1.5	0.5	-2.0	41.7	25.9	15.8	10.6	5.2
1939—1944	6.7	7.1	-0.4	0.6	-1.0	48.5	33.1	15.4	11.2	4.2
1945—1951	5.7	2.6	3.1	1.3	1.8	54.1	35.7	18.5	12.5	6.0
1952—1957	6.3	3.3	3.0	1.2	1.8	60.4	39.0	21.4	13.7	7.8

注：这些高度猜测的估算数字来源于表 9 中已开列过的资料。1934 年后的估算是以联邦储备局，国际货币基金组织和国际清算银行的报告为基础的，除“其他用途”的各项数字，以及产量和“失踪的黄金”的累积估算外，其他数据基本是合理和准确的，因为这些数据中，1928 年—1933 年的估算数字与国际同盟黄金小组以前的估算数字有某种大致的联系，而且这些数据还以对早期黄金产量估算的有效性为基础。据基切因（Kitchin）估计，到 1929 年底苏联的黄金产量有 3.89 亿英镑（黄金小组《临时报告》，第 56 页），以现在的美元计算约有 32 亿美元，而我们表中的数字是到 1933 年底只有 27 亿美元。早期年代的货币用黄金数字，包括估算非常不确定的在中央银行和财政部之外流通的黄金。此表中 1930 年以前的黄金贮存是指印度、中国和埃及的黄金贮存。

如果有一次新的类似于 20 世纪 30 年代的黄金抛售风潮，则

很可能使今后十年黄金产量和储备需要量的缺口有所减少。但现实地预期，这一来源所能提供的黄金总量不会很多。过去唯一在案的此类事件发生在20世纪30年代，由大萧条和灾难性的货币普遍贬值所造成的。因此，解决黄金短缺问题的其他方法自然成为非常必需的。

外汇储备的作用

近年来，外汇储备作为对世界流动资金的现行增补来源，已远远超过了黄金本身。基金组织的《国际储备和流动资金》研究（第72—73页）追溯道："最近十年中，全部短期美元结余平均每年增加7.7亿美元，仅官方结余年增长就有6.5亿美元；同时期的英镑结余自然比第二次世界大战末期暴涨的最高点有所降低。……若将各种外汇储备集中起来，可得出的数据表明，最近十年增加的净外汇总额约有20亿美元，即每年增加2亿美元。" 54

这些事实是无可争议的，而且证实了这样一种观点，在日益发展的世界经济中，黄金已远远不能为国际流动资金提供充足的供给。近年来，世界流动资金需要量的一半以上来源于巨额增长的外汇储备，尤其是与黄金并列的美元结余。但这种趋势预示着，在将来世界货币体系的稳定性方面存在极为不安定的因素。

自1949年底以来，除美国外，其他国家货币储备的增长一直与本国的贸易发展大致同步。1950年—1957年这八年的年平均增长率一直保持在5.5%左右，也就是说接近于表8所设想的最大速率。但在这增加的109亿美元中，约1/3强（36%）是由黄金 55
现期产量和苏联销售的黄金提供，近2/3（63%）来源于美国净储备的持续下降。

但是美国的这种下降状况直到不久前才引起人们密切的关注。原因在于,首先,美国以极高的储备从战争中崛起,大大超过了任何可以想象的需求,而更均衡地分配世界储备,被认为是恢复有效的国际自由兑换体系的一个必要步骤。其次,美国减少的净储备只有一小部分是黄金储备流失,这部分储备在1949年底到1959年底之间只减少了17亿美元,也就是说只减少了7%。其他国家增加的储备,近一半是以对美元而不是黄金的要求权形式积累的。①

表11 1950年—1957年除美国外的其他国家货币储备增长的来源

	以百万美元为单位	占总量的%
增长总量,来源于:	10,936	100
1.美国净储备的减少	6,851	63
a)黄金资产的减少	1,706	16
b)美元储备债务的增加	5,145	47
2.世界黄金储备的增加	3,915	36
a)苏维埃集团外的新黄金产量	7,342	67
b)苏联黄金销售量	635	6
c)非货币用吸收(—)	-4,062	-37
3.其他来源	170	1
a)英镑结存	-1,578	-14
b)对EPU—BIS的债权	1,570	14
c)国际组织黄金资产的增加(—)	-80	-1
d)其他和误差	258	2

① 1958年,美国黄金流失惨重。自从这一情况显露出来后,终于唤醒了舆论对本文后面指出的危险,以及我在1957年曾徒劳地试图引起大家关注的事件的[见《欧洲与货币泥沼》(*Europe and the Money Muddle*),第296—298页]重视。

资料来源:1.黄金产量和黄金储备是从《联邦储备公告》的估算中摘录和推算而得;苏联的黄金销售量来自于国际清算银行的年度报告。

2.其他所有数字是根据 1959 年 1 月公布的《国际金融统计》(第 17 页)和《国际储备和流动资金》(第 103 页)的估算数字推算而得。

表 12　除美国和英国外的其他国家,在 1913 年—1957 年黄金和外汇关于全部货币储备的比例

(百分比)

	黄金	外　汇			
		总计	美元	英镑	BIS- EPU
1913....	84	16			
1928....	62	38			
1932....	87	13			
1937....	79	21			
1938....	82	18	5	13	
1947....	35	65	8	57	
1948....	33	67	13	53	
1949....	41	59	15	42	1
1950....	39	61	19	37	2
1951....	41	59	18	35	4
1952....	41	59	22	28	6
1953....	41	59	24	28	7
1954....	41	59	26	27	6
1955....	42	58	28	24	5
1956....	43	57	29	22	5
1957....	45	55	27	21	6

资料来源:见表 14。

尚待裁决的问题是外汇储备的这种增长趋势能够持续多久, 56
过去的经验已无法再对此做出任何保证。到 1957 年底,除美国和

英国之外的国家，外汇储备（主要是英镑和美元）占货币储备的比例约为55%。这一比率若与战后的几年相比并不显得过高。实际上，1948年底的比率更高（67%），但其中大部分（53%）是不可自由兑换，甚至被部分冻结的英镑结余，因此从任何意义上讲都不能作为国际货币储备。

在第二次世界大战期间和战后，外汇储备再次发生了类似于第一次世界大战后的扩张，且规模要大得多。1913年的外汇储备为5亿美元（占总储备的16%），到1928年上升至32.5亿美元（占总储备的38%）。1922年春，为弥补黄金短缺在热那亚召开的国际货币会议，更是有力地促进了这一增长势头。整个20世纪20年代，英国为这种增长做了极好的宣传，因为该国极低的储备状况因国外积累英镑结余而极大地缓解。所以外国在伦敦金融市场维持短期收支结余，很大程度上帮助英国在1925年恢复自由兑换体系。

但是，不同的金融中心（尤其是伦敦和纽约之间）的相对利率会发生变化，以及对伦敦和其他市场未来汇率演变的预期都会成为国外短期资金任意进入或转出伦敦市场的刺激因素，使得英国储备地位非常脆弱。

出于保留伦敦市场短期资金的需要，经纽约联邦储备银行总裁斯特朗和英格兰银行总裁蒙塔古·诺曼的批准，伦敦市场应保持高于纽约市场的贴现率。但这屡次给两国国内造成了与其他政策原则的严重冲突。英国失业和经济活动处于衰退水平，激发了放松信贷政策的呼吁，而在美国，信贷限制是用来制约股票市场投机的必要手段。[①]

于是，在 20 世纪 20 年代货币贬值时期，热币从欧洲大陆流出 57
曾一度赢得英国的欣喜。然而，从某些方面看，热币在某一点上发生逆向运动几乎是不可避免的，这给伦敦市场造成了巨大麻烦，尤其是法国普恩加莱政府执政后，法国法郎惊人地由 260 法郎兑 1 英镑恢复到 125 法郎兑 1 英镑。这样法兰西银行不得不从伦敦市场大量购买英镑，以达到减慢并最终阻止法郎升值的目的。这些英镑结余的一部分转化成黄金和美元，导致了伦敦市场储备流失。终于在 1913 年夏，世界性危机的加深给维也纳信用银行带来重重困难，触发了迅速遍及欧洲中部的金融恐慌，导致更多更大量的资金从伦敦市场抽调出来。最后的打击终于到来了。

1931 年 9 月 21 日，英镑的贬值敲响了金汇兑本位制的丧钟。英镑转换成黄金和美元与美元类似地转换成黄金相伴相随。在这一过程中，除了英镑区的国家外，世界货币储备中的外汇部分几乎都被除清了。1929 年官方和私人的美元结余共 27 亿美元，到 1933 年底已减少到不足 4 亿美元。

在当时，固然经历了巨大的汇兑损失，而这种灾难 1949 年又经历了一次，尤其是持有英镑的人及单位。虽然有关的各中央银行通过特别立法得到了补偿，但在议会针对特别立法的辩论过程中，这些中央银行的管理受到严厉指责。这些经验已被人们铭记在心，并用以在外汇储备已达到了膨胀程度时，制止其进一步积

① 见莱斯特·V.钱德勒著《本杰明·斯特朗，中央银行的巨子》(*Benjamin Strong, Central Banker*)，布鲁金斯学院，1958 年，第八章，第 291—331 页。

累。每当这种短期外汇结余的利率有所下降，或者当人们对核心国货币的未来稳定性的信心减弱时，会促使中央银行进一步降低外汇结余的积累，甚至可能刺激现存结余大量转换为黄金。

因此，美元或英镑结余的增长似乎不可能长期解决黄金产量不足的问题，来满足日益发展的世界经济对国际流动资金或清偿
58 能力的需求。第二次世界大战后，准确地说是第一次世界大战后，这个难题便以这种姿态持续至今。然而，时不我待，危险更是日益加深，懈怠和自满可能使我们以不同的形式重蹈 1931 年金汇兑本位制崩溃的覆辙。

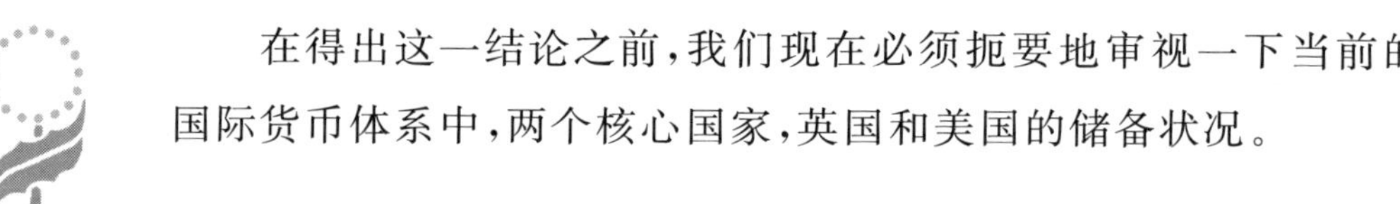

在得出这一结论之前，我们现在必须扼要地审视一下当前的国际货币体系中，两个核心国家，英国和美国的储备状况。

第六章　核心国的储备状况 59

英国及其英镑结存

第二次世界大战结束时，英镑结存构成了官方外汇储备的绝大部分，据基金组织估计，①到 1947 年底，英镑结存相当于 121 亿美元，即占官方外汇储备的 88%，而官方美元结存只有 12%。

包括官方和私人持有的英镑结存总额，超过了 140 亿美元，约是英国年出口的 288%。这样巨额的结存，假如没有相当大的强制成分，要在战争期间积累起来并保留至战后，自然是不可能做到的。实际上，结存中的很大部分按英国管理条例被冻结起来，而其他储备在使用中，从完全自由兑换（但以严厉的进口管制为代价）到纯双边账户，都受到了不同程度的限制。这里，能够完全自由兑换的只是美元区中微不足道的少量英镑结存，纯双边账户是在英镑和可转让区体系之外的国家间使用。

尽管 1947 年简短的自由兑换体系的实验以令人沮丧的失败告

---

① 参见本书前面第 43 页。根据《经济动向》（*Economic Trends*）（1958 年 5 月号，第 8 页）的报告，1945 年底英镑官方储备的数量：若包括英国殖民地在内相当于 110 亿美元，若不包括殖民地则有 100 亿美元，1947 年的储备没有适当的可比较数字。在这两年间，英镑结存总额（包括官方的和私人的）只有轻微的下降（约有 2.8 亿美元），因为除英国殖民地外私人和官方储备减少的总额虽然有 5.2 亿美元，但同时殖民地储备的增长（2.4 亿美元）部分弥补了减少额。

终，但却充分证实了大幅度削减（而不是进一步扩张）英镑结存是非常必要的。此后的十年在这方面取得了惊人的进步，这为另一次自由兑换体系的恢复并有较长的寿命，创造了一个清爽的前提条件。

60 如果以英镑计量，则削减的英镑结存的总量是极为有限的。从 1947 年到 1958 年，全部境内英镑结存仅从 35 亿英镑降到约 33 亿英镑，而且减少的相当大部分又重新得到补充，来源是国际货币基金组织和欧洲支付同盟增加的英镑储备，以及英国在美国的短期或中期官方借款。

因此，我们应该用其他方法来衡量进展情况。首先，由于 1949 年英镑贬值，以及英国出口价格上升了 50 多个百分点，所以如果用美元和商品计价，英镑的实际负担大大减轻。同时，英国的出口量增长了近 80%，这样对英镑结存的正常需求也有所增加。第三，非英镑区的英镑结存，即使以英镑计算，也减少了一半以上，而且极大部分的减少又通过大量增加更易控制的殖民地区储备得到解决。

总而言之，现在的英镑结存与英国出口的比例大致与 1938 年相等；非英镑区持有的结余现在只相当于年进口的 22%，而 1938 年有 44%。非英镑国家的官方结存在 1957 年不足 8.5 亿美元，而 1945 年底却超过了 32 亿美元。

随着战后英国经济复苏的一些其他迹象成倍地出现，人们对英镑的信心也显著增强。其中最引人注目的事件是自 1957 年底以来，英国的黄金和美元储备增加，并且 1957 年（顺差为 9 亿美元）和 1958 年（顺差为 15 亿美元）的国际收支平衡表显示出，巨大的往来账户顺差正蒸蒸日上。

因此，在即将来临的年月里，外国对英镑结余将有可观的需求，这种情况不是不可能的，事实上，到 1958 年，在该年年底的自由兑换决议产生影响之前，非英镑国家的英镑结余就已增加了 4.56 亿美元（即 28%）。

欧洲货币协议的两个特点可能会促使英镑结存进一步增加，但这两个特点尚未完全引起经济学家和金融分析家们应有的注意。第一个特点是，所有欧洲经济合作组织的成员国，如果愿意可任意积累英镑储备；但欧洲支付同盟协议中按月补偿的方法是禁 62
止这种做法的。特点之二是，欧洲货币协议条款 11 规定，英镑储备能够以美国美元作为稳固的外汇担保，但美元储备不能得到有英镑保证的类似好处。因此，虽然在现在看来美元相对于英镑贬值似乎还是一个遥不可及的偶然事件，但人们不应将上述对待英镑和美元储备的差别置之脑后。更具有直接意义的是，欧洲的中央银行现在可以自由选择积累英镑，并且当英镑相对于美元贬值时不会承担任何汇兑风险。相反一旦纽约的利率与伦敦相比有较大的降低时，就很容易导致大量的短期结存由美元转换成英镑资产。

表 13　1928 年—1958 年 核心国的储备状况 61

	1928	1932	1938	1947	1949	1953	1957	1958
Ⅰ　美国								
A　金储备（10 亿美元）	4.1	4.0	14.6	22.9	24.6	22.1	22.9	20.6
B　美元结存（10 亿美元）	2.5	0.7	2.2	7.1	8.2	12.7	16.6	17.6
1. 国际的……	—	—	—	2.3	1.8	1.9	1.7	2.0
2. 国家的……	2.5	0.7	2.2	4.9	6.4	10.8	14.9	15.6
a. 官方……[1]			0.5	1.8	3.4	6.5	9.1	9.6
b. 私人……			1.7	3.0	3.1	4.4	5.7	6.0

续表

	1928	1932	1938	1947	1949	1953	1957	1958
C　美元结存（不包括国际的）与美国出口的比率（百分比）	48	44	71	32	53	68	72	87
1. 官方……			16	12	28	41	44	54
2. 私人……			55	19	26	28	27	33
D　美元总结存与美国黄金储备的比率（百分比）（不包括国际的）	61	17	15	31	33	57	72	86
Ⅱ　英国								
A　黄金和美元储备（10 亿美元）	0.7	0.6	2.9	2.2	1.8	2.5	2.4	3.1
B　英镑结存（10 亿美元）[2]	2.4	1.4	2.8	15.7	10.4	11.2	10.9	11.1
1. 国际的……	—	—	—	1.6	1.6	1.4	1.8	1.7
2. 国家的……	2.4	1.4	2.8	14.1	8.8	9.8	9.2	9.4
a. 殖民地		0.7	1.6	1.9	1.5	3.1	2.5	2.5
b. 其他英镑区				7.2	4.5	4.8	5.1	4.9
c. 非英镑区		0.7	1.2	5.0	2.7	1.9	1.6	2.0
(1) OEEC				1.7	1.0	0.6	0.7	1.0
(2) 其他				3.3	1.8	1.3	0.9	1.0
C　英镑结存（不包括国际的）与英国出口的比率（百分比）	69	108	104	288	127	131	94	100
1. 殖民地		54	59	39	22	41	26	26
2. 其他英镑区				147	65	64	53	52
3. 非英镑区		54	44	102	39	25	16	22
a. OEEC				35	14	8	7	11
b. 其他				67	25	17	9	11
D　英镑总结存与英国黄金和美元储备的比率（百分比）	320	240	95	705	595	440	460	360

注：1. 1949 年以来报告的官方美元结存中，包括了少量的“债券和证券”而且没有进行官方持有和私人占有的分类。

2. 1928 年的英镑结存估算数是从（麦克米伦）《金融和工业委员会报告》（*Committee on Finance and Industry Report*）（伦敦，1931 年）中得来的，见第 42 页和 301 页；1932 年的英镑结存数来自国际清算银行的《英镑区》（*The Sterling Report*）一书（巴塞尔，1953 年），实际上是 1931 年底的数字；1938 年的数字是从国际清算银行《第 22 次年度报告》（*Twenty Second Annual Report*）第 172 页中摘录的（巴塞尔，1952 年）。这些数字大体上都非常粗略，不能与战后的估算数字进行充分的比较。

尽管如此，我们也不能依赖于英镑结存的未来增长，来填补黄金产量和世界储备需要量之间的预期缺口。

主要原因在于，英国的总储备与短期英镑债务相比仍然是非常低的。正因为如此，英国曾于1931年、1947年、1949年、1951年、1953年和1957年屡屡陷入困境，这很可能导致英国为迎合英镑结存的增加，等量或大于等量地增加自己的储备资产。那么，它能为世界清偿能力提供的净增补数量将是少得可怜的。

美国及其美元结存

美元结存给人的第一印象是，其预期的增长似乎比英镑具有更光明的前景和可能性。尽管美元结存自战争以来就开始急剧增长，但与美国的出口相比却仍不显得过分。现在的美元结存与出口的比率(87%)只比1938年的水平略有上升，并仍然大大低于英国的这一比率(100%)，而且，与英国截然不同的是，我们的黄金储量仍大大高于美国的对外负债总额。

实际上，由于自1949年以来美国的净储备成为了其他国家储备良性增长的最主要供给来源，所以美国的净储备状况一直持续下降。[①] 但只要美国的储备流失是以对外短期美元负债增加的形式出现，而不是以黄金形式从诺克斯堡外流，那么这一事实就不会引起公众的注意。从1949年到1957年底，美国的黄金存量只减 63
少了17亿美元，约为7%，而美元负债增加了一倍多，从82亿美元上升到166亿美元。

---

① 参见前面第63—64页和表11。

美元结存在战后时期的迅速增长，至少在一定程度上反映出在世界结算和世界储备中，可兑换的美元替代了不可兑换的英镑。但是国外的美元结存能否以与最近十年相匹敌的规模继续无限期地积累，人们对这种可能性产生了更深的疑问。我曾于1957年春[①]就此问题冒昧地提出过预言，这些预言在1958年似乎得到了一些证实。在这一年，国外的短期美元储备（包括债券和证券）只增加了7亿美元，而从美国购入黄金净额达23亿美元。

1958年美国黄金的流失，开始使人们对国家净储备地位不断恶化的趋势产生忧虑。美国黄金储备超过对外国的短期负债（包括债券和证券）的数额，连续地由1949年底的182亿美元下降到1958年底的不足50亿美元，也就是说，从1950年—1957年间，平均每年减少13亿多美元，而仅1958年就减少了近30亿美元。

这样一种减少倾向显然不能无限制地继续下去，它最终会损害到外国人把美元视为安全的储备积累手段的信心。迟早会有一天，外国短期负债的进一步积累或者被迫减少，或者被迫与美国早已膨胀的黄金资产的相应增长基本持平。如果我们不主动采取这种措施，外国中央银行必然会替我们做到这点，他们在结算对美国的总盈余时，会停止其美元资产的积累并要求以黄金支付代替美元。

因此，同英镑结存的情形一样，我们不能依赖于美元结余的进一步增长，以此作为长期解决世界银根吃紧问题的根本方法。

① 《欧洲与货币泥沼》，第297页。

第七章　黄金汇兑本位制 64

在讨论其他弥补世界流动资金或清偿能力的可行手段之前，最好将这一问题放到更广阔的历史环境中来拓展我们的理解力。这个问题虽然不是新问题，但却在过去的历史中以多种多样的形式表现出来，而且解决问题的方法也存在很大的差异。

货币数量论认为，在货币扩充和经济增长之间总是存在某种联系，但我们没有必要接受这种刻板的观点，因为这种联系是松散的，且从未以任何方式揭示任何简明的因果关系。货币扩充不会自动保证经济的增长，但可以对它有所促进。因此，与现在所讨论的问题更有关联的也更明确的一点是，如果没有办法保证货币清偿能力增长与经济增长同步（而不是同比例），那么经济增长必定会在达到某一点后受到阻碍或减缓。

在 19 世纪银行机构大规模发展之前，黄金和白银一直是西方国家新货币的主要供给来源，它们的相对充足或短缺都在物价和经济活动发展中起着重要作用（尽管不是决定性的或独一无二的作用）。例如，所有经济史学家都强调美洲发现后，黄金和白银流入西班牙和整个欧洲后在这方面所产生的影响。并且许多经济学家不约而同地将 19 世纪经济活动的长波动（即所谓的康德拉季耶夫周期）与不稳定的黄金开发和生产联系起来。但是经济学家们倾向于强调自己观点的独创性而不是一致的共同点，强调自己区

别于其他同行的不同见解，而不是他们所处的同一立场。他们在分析事件时，一贯就货币和实际因素孰重孰轻，孰因孰果等问题展
65 开争论，上面提到的他们的基本认同点经常被这些争吵所掩盖。然而，正如我们要研究的是森林而不是树木一样，这些不同观点并不影响我们的基本结论，即货币增长滞后常常成为（尤其是在过去）经济发展速度的制约因素。

许多世纪以来，当单个国家的黄金和白银供给跟不上货币需要而出现困难时，降低铸币成色便多次成为解决困难的主要出路。[①] 在整个 19 世纪，西方主要货币相对于黄金所显示的稳定性是史无前例的，它主要是黄金产量急剧增加的产物，也是货币交换中纸币和存款货币作为黄金和白银的补充大规模发展的结果。

但是这些新的货币形态，现在只具有国家性而没有国际性。因此要维持汇率的稳定，只能依靠发行机构赋予它们兑换为国际公认的货币的能力，这对国际储备的影响程度和范围在本书的前几部分已进行了考查。现阶段我们必须注意的是黄金供给稀缺时的经济状况，这种稀缺是由于金币逐渐从公共流通领域转移成为银行系统的储备，然后又从民间流通和银行储备转变为单一的国家机构即财政部或中央银行的储备所造成的。第一次世界大战时期和战后，国家纸币和银行存款的流通急剧膨胀，与之相比黄金储备非常不足。金币的后一种转变现象是弥补黄金不足的三个主要手段之一。在 1913 年到 1928 年间，黄金储备增加了一倍多，从

① 法国“图尔城铸的古币”的含金量由 1351 年含 3.2 克纯金逐渐下降到 1795 年的 0. 29 克，成色降低了 90% 以上。英国铸币纯金含量的降低略少一些，1257 年到 1816 年间下降了 77%。见本书图 3。

49 亿美元上升到 100 亿美元（包括苏联的黄金），但增加的 51 亿美元中，新的黄金产量大于非货币用黄金吸收的部分所能提供的来源不到一半（23 亿美元），另有约 55%（28 亿美元）得益于在财政部和中央银行以外流通的货币用黄金的紧缩。

第二种弥补方法是许多种通货的剧烈贬值，这种贬值是相对 66
于黄金而言的，其结果是以国家货币表示的黄金储备相应升值。

但这两类手段在完全恢复战前黄金储备与中央银行发行的货币和其他即期债务间的比例方面并不成功，1913 年两者的比率为 48%，到 20 世纪 20 年代后期降到了 40%。[①]

这一时期所使用的第三种弥补手段，是更加广泛地依靠国家性的关键通货（主要是英镑和美元）作为世界货币储备的补充部分。这在前几章已有所提及。若将上面的估算数字与国际货币基金组织的外汇储备估算数字（1913 年为 5 亿美元，1928 年为 32.5 亿美元）结合起来，便可得到一个比率，即在 1913 年和 1928 年，总储备与即期债务的比率均为 53% 到 54%。

但这是一个世界平均数，它掩盖了单个国家之间储备状况的巨大差异。1928 年，近一半的世界储备集中在两个国家，法国和美国；而英格兰银行的黄金储备（7.5 亿美元）与伦敦的外国账户上持有或承兑的英镑存款和票据相比，还不及后者的 1/4。[②]

---

① 《金融委员会黄金小组的临时报告》（*Interim Report of the Gold Delegation of the Financial Committee*）（国际同盟，日内瓦，1930）第 94 页。

② 若以英镑表示，1928 年年底英格兰银行的黄金储备约为 1.54 亿英镑，伦敦外国账户上持有的存款和英镑票据（包括贴现市场的预付款）共有 5 亿英镑，外国账户上承兑的票据另外还有 2 亿英镑。见（麦克米伦）《金融和工业委员会报告》，伦敦，1931 年，第 301 页。

在新的金汇兑本位制下，外汇结存作为世界清偿能力不足的补充，使用率越来越高，而这恰恰使该体制持续运作所依赖的国家的储备状况遭到了致命的削弱。1931 年，金汇兑本位制的主要关键通货的衰落，不可避免地将其他货币也拉入混乱的漩涡，不仅使英镑，而且使整个国际金融体系都陷入了暂时的瘫痪。

20 世纪 30 年代，尽管世界储备的外汇部分几乎都已消失，国际流动资金仍然达到了空前的程度。然而，制造出这种副产品的，
67 是普遍的货币贬值，最重要的是世界贸易量和贸易值持续地大幅度萎缩。造成 20 世纪 30 年代国际货币的清偿能力达到不必要水平的三个根源，是银根紧缩、货币贬值和贸易管制。它们至少部分地反映出，金汇兑本位制使世界金融体系的金融中心脆弱不堪，并通过金融中心将这种脆弱性传递给了整个世界货币体系。

金汇兑本位制最基本的不合理之处在于，它使国际货币体系高度依赖于单个国家在持续使用一种或几种国家性通货作为货币储备方面的决策。在人们对汇率的稳定性尚未存在普遍疑问的情况下，储备货币一般选择在世界贸易和金融中起主要作用的国家的货币。这样在 20 世纪 20 年代，英镑、美元，另外再加上法国法郎，成为了主要储备货币。但是，当人们对汇率的未来稳定性的怀疑开始加深时；较弱的通货便在这场竞争中被迅速淘汰，储备货币的选择范围缩小到在世界贸易和结算中最强有力的、最坚挺的、从而也是最安全的货币。而甚至这些货币也开始遭到质疑时，选择便进一步转向黄金。于是金汇兑本位制可能就此结束，金融体制又重新回到以前的金本位制或金块本位制。

金汇兑本位制可以，但并不一定有助于缓解世界货币储备的

短缺状况。只有当提供关键货币的国家愿意通过某种途径来使其储备地位下降时，金汇兑本位制才能有所作为。这种途径就是国家短期金融债务的增长超过相应的本国总储备的增长。但是，如果这些国家允许这种情况发生并任其继续无限地发展下去，那么由于外国人对关键通货的信心逐渐减弱，就有可能导致金汇兑本位制本身的崩溃。

1931 年的英国就发生了此类事件，大量的英镑结存转换为黄金和美元，致使英镑贬值，造成了金汇兑本位制的崩溃、战时的发展使这类事件再度发生，导致 1949 年英镑再次贬值，并使英镑在整个战后时期长时间不能自由兑换，英国的国际收支反复出现危机。

近年来，在看待将英镑广泛地用作国际货币而给英国经济带 68
来的相对利益和危害问题上，英国出现了意见分歧，上述情况可对此做出解释；①同样它也有助于说明，其他国家如瑞士和德国，对于将本国货币作为国际储备货币使用，为什么不是持欢迎态度而是竭力阻拦。

第二次世界大战后，英镑和其他主要世界货币的地位日益削弱，于是所有国家将选择的焦点集中在美国的美元，把它作为最坚硬最安全的外汇储备投资手段。这些国家这种“无偿”地向最主要的债权国家放款的做法，实际上是徒劳无益的多此一举。美国为了能为往来账户的巨额顺差提供足够的资金，避免加重美元短缺，在提高其净资本输出水平方面已经遇到了一些困难，选择美元为

① 见 A.C.L.戴，《英镑的未来》（*The Future of Sterling*），牛津大学出版社，1958 年。

国际货币无疑使这些困难加深。

不过，为了成功地克服困难，我们也不可避免地倾向于调整美国在往来账户和美国资本账户——包括官方赠款和贷款——方面总的国际收支，让外国短期结存源源不断地流入美国市场，并且相应地将美国的净储备地位降低到这样的程度，再进一步，无论美国还是其他国家都不愿冒险涉足。正如我们亲眼所见，外国短期资本的流入仅仅有所减慢，就引起了 1958 年黄金外流相对增大。如果黄金流出持续较长时间，那么我们就必须在经济政策方面采取一些复杂的调整措施，以使美国的国际交易恢复长期均衡。

由于外部交易对 GNP 的作用相对较小，而且美国经济具有强大的实力和恢复能力，这些都便于进行必要的政策调整，并能排除重蹈英国过去曾遇到过的那类困难的覆辙。只有在我们自鸣得意到了允许美国储备地位日益削弱到了一定程度，才有可能最终刺激外国的现有美元结存大量转换为黄金，迫使我们废止或修改联邦储备体系的法定黄金准备金要求。但即使到那时，如果经济方面的考虑不去冒被无理性但却是强有力的心理上和政治上的力量所压服的风险，那么要做到这一点无论如何还是容易的。假设
69 美国独立战争的自由女神会呼吁禁止黄金外销或外运，并且假设要采取这种行为的威胁可能促成现有美元结存向黄金转化，从而迫使当局采取这类激烈的灾难性手段，而不管这样的做法在一个较安稳的环境中显得多么不必要，这样的设想是否太过荒诞而不可思议？但是，禁止黄金输出，几乎是必然会（即使是暂时性的）造成美元相对于黄金的实际贬值。在这一过程中，其他货币大概也在劫难逃，因为任何关于美元相对于黄金贬值的预期，几乎一定伴

随着其他货币类似贬值的预期，并将促使资金合法地或非法地外逃转为黄金或有形资产，这样的情况，在国外甚至会比在美国更严重。

我并不愿意指出这种戏剧性的发展有丝毫的可能性，相反，这种情况完全不可能发生。因为美国政府已清楚地意识到问题之所在，并决心在远未达到危险点时就解决它。我们面临的真正危险并不是美元崩溃，实际上，问题在于这样的崩溃只有在如下的条件下才可能避免：扭转我们的净储备状况已持续九年的减少势头，于是大大减少对世界清偿能力做出过的贡献。因此，美元问题的解决引起了世界清偿能力问题旧病的复发或加重。

70

概括与结论

今后十年，主要贸易大国为维持自由兑换体制所要求的世界货币储备正常需要量，将可能大大超过根据黄金现产量水平预期用于此目的的黄金投入量(超出 50 亿到 150 亿美元)。[①]

美元、英镑和其他国家货币结存作为储备积累手段进一步增长，可作为世界清偿能力的补充来源，但这也不可能弥补上述缺口。

由于缺乏针对性的计划和政策，世界储备不足日益加深，很有可能在较短的几年内导致新的一轮国际性的银根紧缩、货币贬值和管制，就像 1929 年后曾发生的那样。这一周期的开始可能是由非核心国的经济发展不景气所引发，而一旦美国或英国由于外国资金流入国内市场的数量大幅度减少或出现反向流动而遭遇困难时，危机便开始向全球扩散。20 世纪 30 年代的教训，以及从那时起政府观念和政策所发生的根本变化，使作为主要调节手段之一的国内通货紧缩不会再被广泛使用或承认。而在上述形势下最有可能的结果是诉诸货币贬值和管制手段。

幸运的是，现在有相当数量的人们已经警惕到了这些危险，并

---

① 此估算包括苏联每年对西方的黄金销售约两亿美元。我必须承认，如果苏联出于经济或政治目的，决定在世界市场上肆意地使用其巨大的黄金储备，那么本文的结论将被彻底推翻。由于著名的铁幕双方所采取的政策起着决定作用，这种情况要么会挽救，要么完全摧毁作为国际货币机制的金本位制。

且我们也亲眼目睹了去年在这些领域要预先做出计划的一些慎重 71
开端。这些计划提议，将各国在国际货币基金组织的储备配额增长限定为50%，国际银行的资本增长限定为100%，这些建议都是向正确方向的努力。欧洲货币协议的一个不太引人注目但却非常重要的特点是，任何一个协议成员国所持有的其他成员国的货币结存，都由协议提供外汇担保。这一条款实际上是鼓励有关国家更广泛地使用欧洲货币（尤其是英镑）作为金融储备。最后，欧洲经济共同体条约中与共同体内部经济、货币政策的协调和国际收支的调整有关的条款的执行，也会为将来带来卓有成效的发展。

我们仍然非常有必要采取比使用过的手段更全面得多的措施，来使旧的金本位制和金汇兑本位制适应于现时代的需要，适应为日益发展的世界经济提供生机勃勃的国际支付结构的需要。要长期解决这一难题，最成功的途径是使全世界的国际货币储备中的外汇部分实现真正的“国际化”，使世界货币储备体系避免由于一种储备货币投机地转换成另一种货币或黄金而造成的不稳定。在过去，为满足日益发展的经济的要求，曾将金币逐步从活跃的流通中抽调出来，集中到国家中央银行成为货币储备，对于这个调整货币体系的手段之一来说，上述的解决方法应该承认是其标准顶点。使用这种解决办法最好是循序渐进，不成熟的或过于激进的计划，例如凯恩斯曾具体阐述的著名的《国际清算同盟的建议》，在今天是注定要失败的，就像1943年发生的那样。

然而我们希望，更谨慎更灵活的协议能及时地在区域性的和国际性的协商中达成。一般来说，国际货币基金组织、欧洲经济合作组织和欧洲经济共同体这三个机构，应该在这方面起领头作用。本书的第二部分将就每个机构大致的行为范围和方针展开讨论。

表 14　1913 年—1958 年储备推算的基本统计数

（单位：10 亿美元）

	1913			1928			1932	1937	1938	1947	1948	1949	1950	1951	1952	1953	1954	1955	1956	1957	1958
	储备	流通中黄金	总额	储备	流通中黄金	总额															
Ⅰ 黄金	4.03	3.26	7.29	9.76	0.75	10.51	11.35	25.31	25.95	32.40	32.75	33.15	33.83	33.94	33.95	34.37	34.98	35.46	36.10	37.36	38.07
A 美国	1.29	0.33	1.62	3.75	0.11	3.86	4.05	12.79	14.59	22.87	24.40	24.56	22.82	22.87	23.25	22.09	21.79	21.75	22.06	22.86	20.58
B 其他国家	2.74	2.93	5.68	6.01	0.64	6.65	7.30	12.52	11.36	9.53	8.35	8.59	11.01	11.07	10.70	12.28	13.19	13.71	14.04	14.50	17.49
1. 英国	0.17	0.60	0.77	0.75	0.09	0.84	0.58	4.14	2.88	2.02	1.60	1.35	2.90	2.20	1.50	2.30	2.55	2.05	1.80	1.60	2.85
2. 其他	2.58	2.33	4.91	5.26	0.55	5.81	6.72	8.38	8.48	7.51	6.75	7.24	8.11	8.87	9.20	9.98	10.64	11.66	12.24	12.90	14.64
Ⅱ 外汇	0.50		0.50	3.25		3.25	1.00	2.26	1.80	13.90	13.90	10.85	13.84	13.33	13.77	14.83	15.86	16.36	17.02	16.54	16.55
A 英国	—		—	—		—	—	—	—	0.21	0.40	0.40	0.77	0.17	0.46	0.25	0.25	0.11	0.37	0.77	0.26
1. 美元	—		—	—		—	—	—	—	0.06	0.25	0.34	0.40	0.13	0.35	0.22	0.21	0.07	0.33	0.67	0.22
2. EPU-BIS	—		—	—		—	—	—	—	—	—	—	0.23	—	—	—	—	—	—	—	—
3. 误差	—		—	—		—	—	—	—	0.15	0.15	0.06	0.14	0.04	0.11	0.03	0.04	0.04	0.04	0.10	0.04
B 其他国家	0.50		0.50	3.25		3.25	1.00	2.26	1.80	13.69	13.50	10.45	13.07	13.16	13.31	14.58	15.61	16.25	16.65	15.77	16.29
1. 美元									0.50	1.79	2.65	2.71	4.04	3.87	4.90	5.79	6.85	7.80	8.23	7.52	8.26
2. 英镑									1.30	12.15	10.77	7.41	7.92	7.83	6.52	7.03	7.30	6.93	6.56	6.14	6.77
3. EPU-BIS										—	0.05	0.11	0.42	0.86	1.44	1.62	1.57	1.41	1.51	1.68	2.24
4. 误差										-0.25	0.02	0.21	0.69	0.60	0.45	0.14	-0.10	0.11	0.35	0.43	-0.98
Ⅲ	4.53	3.26	7.79	13.01	0.75	13.76	12.35	27.57	27.75	46.30	46.65	44.00	47.67	47.27	47.72	49.20	50.84	51.83	53.12	53.90	54.62
A 美国	1.29	0.33	1.62	3.75	0.11	3.86	4.05	12.79	14.59	22.87	24.40	24.56	22.82	22.87	23.25	22.09	21.79	21.75	22.06	22.86	20.58
B 其他国家	3.24	2.93	6.18	9.26	0.64	9.90	8.30	14.78	13.16	23.43	22.25	19.44	24.85	24.40	24.47	27.11	29.05	30.08	31.06	31.04	34.04
1. 英国	0.17	0.60	0.77	0.75	0.09	0.84	0.58	4.14	2.88	2.23	2.01	1.75	3.67	2.37	1.96	2.55	2.80	2.16	2.17	2.37	3.11
2. 其他国家	3.08	2.33	5.41	8.51	0.55	9.06	7.72	10.64	10.28	21.20	20.24	17.69	21.18	22.03	22.51	24.56	26.25	27.92	28.89	28.67	30.93
Ⅳ 进口			21.0			30.6	12.71	27.62	23.54	53.30	60.05	59.91	59.89	82.11	80.71	76.99	80.03	89.52	98.83	108.25	100.74
A 美国			1.8			4.4	1.34	3.57	2.46	6.55	8.06	7.53	9.60	11.88	11.66	11.79	11.05	12.36	13.80	14.30	13.99
B 其他国家			19.2			26.2	11.37	24.05	21.07	46.76	52.00	52.38	50.29	70.23	69.05	65.20	68.98	77.16	85.03	93.95	86.75
1. 英国			3.7			5.8	2.28	5.08	4.50	7.34	8.37	8.52	7.31	10.93	9.74	9.36	9.45	10.87	10.88	11.40	10.58
2. 其他			15.5			20.4	9.09	18.97	16.57	39.42	43.63	43.86	42.98	59.30	59.31	55.84	59.53	66.29	74.15	82.55	76.17

续表

	1913			1928			1932	1937	1938	1947	1948	1949	1950	1951	1952	1953	1954	1955	1956	1957	1958
	储备	流通中黄金	总额	储备	流通中黄金	总额															
V 总储备比率(%)	22	16	37	43	2	45	97	100	118	87	78	73	80	58	59	64	64	58	54	50	54
A 美国	72	18	90	85	3	88	302	358	592	349	303	326	238	193	199	187	197	176	160	161	147
B 其他国家	17	15	32	35	2	38	73	61	62	50	43	37	49	35	35	42	42	39	37	33	39
1.英国	5	16	21	13	1	14	26	81	64	30	24	21	50	22	20	27	30	20	20	21	29
2.其他	20	15	35	42	3	44	85	55	62	54	46	40	49	37	38	44	44	42	39	35	41

资料来源和注:此上大部分估算来源于国际货币基金组织的黄金、外汇和贸易统计,不包括国际组织和苏维埃国家的数据。

1937 年和 1950 年—1958 年的数字分别使用《国际金融统计》1959 年 2 月和 1959 年 8 月公布的表格;1947 年—1949 年的外汇估算使用《国际储备和流动资金》的附表 3;1947 年—1949 年的黄金估算,1938 年的黄金和外汇估算都使用《国际储备和流动资金》的附表 2。

在验证和完成 1913 年、1928 年尤其是 1932 年的估算时还使用其他资料,为此优先选择了联邦储备局《银行业和货币统计》(华盛顿,1943 年)的黄金储备统计,第 544—555 页,及国际同盟金融委员会黄金小组的黄金流通估算(1913 年的数字是 1930 年《临时报告》第 114—117 页的数据,1928 年的数字在 1932 年《临时报告》第 78—83 页)。1932 年的外汇估算是由国际同盟的其他刊物[特别是拉格纳・内尔克斯(Ragnar Nurkge)的《国际货币历程》(*International Currency Experience*),国际同盟,1944 年]上的数据拼合而成,因此只能作为近似约数。

对持续时间这样长的一段时期的储备进行估算,几乎不可避免地会出现轻微的出入,这也使以该表,尤其是 1913 年—1949 年的数据为基础的所有推算产生相应的边际误差。《国际金融统计》于 1959 年 9 月开始公布 1950 年以来世界货币储备略微详细的估算数字,这些数字得出的储备比率会比本表格和全书中的普遍高出 2%—3%,但同时也使这些比率更无法与早期的估算数字进行比较。

75

第二部分　处方

未来的自由兑换体系：国际货币政策的目标与工具

77

导　　论

1958 年 12 月的**自由兑换决策**，既属迟误过久，又准备得极不充分。说它们延迟耽误了很长时间，是因为在过去的最后十年间，欧洲的国际收支地位已经有了巨大而稳定的改进。说它们准备得极不充分，是因为它们一心想侥幸成功，忽略了第一次大战后类似的“重建”迅速崩溃所提供的充足而惨痛的经验教训，对于无组织的、国家性的金汇兑本位所具有的最明显的危险，竟不安排任何防范措施。

这就是本书第一部分所演奏的令人沮丧的阴暗主题。第二部分将奏响使人振奋的音符，说明利用某些工具，能使新的自由兑换体系具有更为坚实的基础，并且与此同时还能对世界经济的更加快速而且均衡的增长做出贡献。

不过，在提出这方面的新颖且有建设性的建议之前，对于人们为了应付国际储备及清偿能力日益逼近的短缺，为了应付它在今后两三年内可能引发的更为眼前的困难而提出的两种听起来似乎振振有词、其实不过在捕风捉影的解决方案，有必要先加以澄清。

第一个方案是重新评估黄金价值，将之调高。务实的财政金融界广泛地主张和期待这个解决办法，学术界可说无人赞成，但除去罗伊·哈罗德爵士是个例外。

第二个方案是汇率的自由浮动。与上一个正好相反，商界十分讨厌这种意见，但是像米德教授、弗里德曼教授、哈伯勒教授等经济理论家，却在今天对之十分青睐，认为这是使国际收支能与各国冥顽不灵且又不负责任的货币与财政政策相适应的灵丹妙药。

在世界货币问题上有幸没有被这两种靠不住的解决方案之一 78
或全部打扰过的读者，完全可以先跳过第一章内关于它们的讨论，直接阅读第二章。

79

第一章　世界清偿问题的两种错误解答

对黄金的重新估价

对现行的黄金价格进行大幅度的重新估价，虽说基本上是荒谬的，但作为世界清偿问题的解决办法，却也不是完全不会提出来的。如果不能及时达成国际协议、对这个问题提出其他更有建设性的解决办法，它就会变成十分接近于不可避免——而且确实要比世界性通货紧缩或世界性贸易限制这样的替代性解决办法好得多。

从拿破仑时代直到第一次世界大战期间，黄金价格有过一个在世界历史上独一无二的稳定时期，这一方面要用国家银行信用及纸币的异乎寻常的发展来解释，另一方面则要归因于19世纪的黄金生产。[①] 黄金价格在整个历史中引人注目的持续上升趋势，可由附图显示，这张图表是根据国际清算银行(Bank for International Settlement)1951年的年度报告(第157页)复制的。不过，如要说它具有“根据长期的历史趋势，当前的金价似乎正好正确”[②]的意义，就与其说是显而易见，倒不如说是似是而非了。因

---

① 黄金的产量，在以前的三个世纪，估计为每年平均37万盎司，而到19世纪则为每年372万盎司，即增长了十倍，在第一次世界大战以前13年的产量是1923万盎司。

② 《每月通讯》(*Monthly Letter*)，第一国家银行，1959年2月，第23页。

为若是用其他的主要通货来表示金价，就会从类似的图表中得出很不相同的结论。如果金价用英国货币表示时是“正确”的，按同样的推理，用法国法郎表示，就会显得太高，而用美元表示又显得太低。从这样的历史记录得出的结论只能是： 80

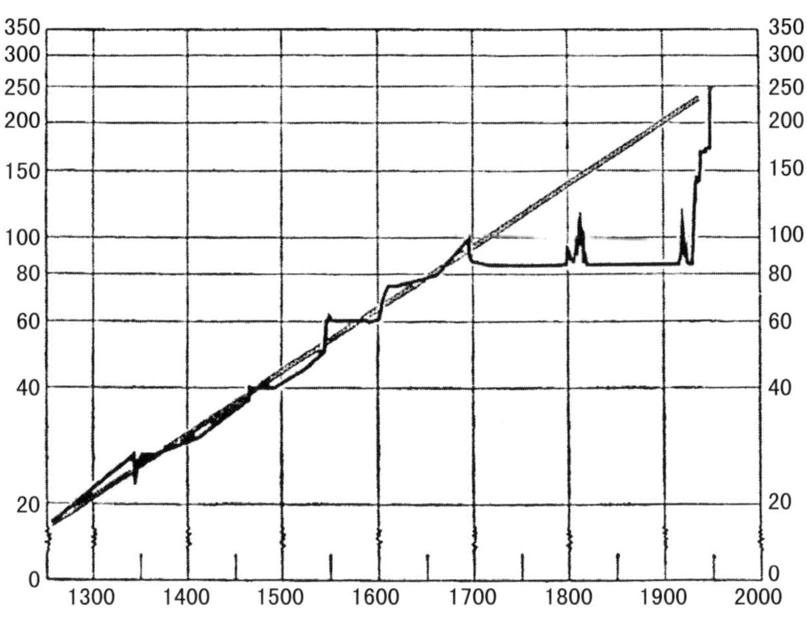

图 3　在七个世纪期间伦敦的金价

（单位：每盎司黄金的先令数）

1.从长期看，不同国家在物价与经济趋势方面有不同的但都接近于均匀上升的趋势，黄金的产量与这些趋势所提出的货币要求，极步同步；

2.在整个历史上，弥合这个缺口的办法是货币按不同比例降低含金成色或对于黄金降低价值，还有就是扩充其他类型的货币工具，尤其是纸币和银行存款；

3. 只要不能为日益扩充着的世界经济找到替代性的工具，不能提供合适的——国家的以及国际性的——货币清偿能力，这样的历史趋势，从长期说，就极有可能永远持续下去，而且一定使得各国通货连续不断地或周期性地对黄金贬值。

不过，这样的结果也不是不可避免的。它可以得到缓解，如
81 果——而这也确实可认为是一个了不起的如果——国际间的协商与协议能替代自由放任与惰性。反对黄金重新估价的议论应该强大到足以在这一方向上引起一场决定性努力的程度。

首先，要把货币黄金的年供应量刺激到适宜的程度，确实需要使黄金的价格有非常急剧的增加。为了解决本书第一部分中评价过的问题，[①]用美元计价的黄金供应量，可能要增加为原来的两倍或三倍。

其次，这样的黄金重新估价会有必要每隔一段时间周期性地反复进行。这样才能与世界经济日积月累的增长保持一致。

第三，由于影响了当时已有的黄金储备的价值，每一次这样的重新估价都会造成清偿能力暂时性过剩的结果。譬如说，涨幅为50%的重新估价，就可以在今天使苏联集团以外国家的黄金与外汇储备，在一夜之间就增加近200亿美元。

第四，黄金重新估价的利益分布会非常纷乱，而且确实有可能按照想象得出的最糟的样式分布。对现有的储备来说，高储备国家从重新估价中受益最多，而低储备的国家则受益少。苏联在这

---

① 尤其请参见本书表8。

方面无疑将是继美国之后的主要受益国。它还将与南非一起，因提高当前黄金生产量的美元值而成为最大的受益者。[①]

这些考虑说明了美国坚决反对增加黄金美元价值的正当理由。要强使美国当局如此决策，只能是作为不幸事件的后果，例如发生了迁延日久或日益尖锐的经济危机或金融危机，而这种危机又不免使现时趋向货币自由兑换及贸易自由化的进程受到严重的挫折。

最后但并非最不重要的是，对于世界清偿能力的要求，除去使
人愿意出钱在南非、苏联、加拿大、美国和澳大利亚越来越多地挖 82
掘地球之外，肯定还可以让它有其他更好的用途。

浮动汇率

在浮动汇率的建议中，最趋于极端的几种，完全取消对国际货币储备的任何需要。这样的话，外汇市场就完全由供与需的相互影响自由支配，也没有了任何形式的干预：中央银行的或官方稳定化基金组织的干预。

支持这类建议的主要论据是：浮动的汇率会自动抵消各国相互间不相统属的政策的影响，价格与成本的国际模式就不会受到扰乱；并且，各个国家国际交易中的长期平衡也得以这种方式保持住，而不必求助于贸易限制或外汇限制；对于各国在货币与信用方

---

① 苏联的黄金拥有量估计可能有 70 亿美元或更多，而在 1957 年的金产量约为 6 亿美元，接近于南非，并为产量稍次的加拿大的四倍。见奥斯卡·L.奥特曼“对黄金产量和国际黄金储备增添量的笔记”，《国际货币基金组织职员论文集》，1958 年 4 月，第 282 页。

面推行它们所选择的任何种类之政策的自由，也没有任何干扰。一个国家在国际收支中的暂时性不平衡现象，可以被私人投机商以其本来面目认识到，他们的买进或卖出就可以缓和这种不平衡，而实际的汇率只有温和的调整。另一方面，国际收支中持续的不平衡却会引起同类的破坏平衡的投机，它会放大整个市场的不平衡程度，加速汇率的变动，惊动舆论，迫使主管货币的当局调整其政策，而且这种调整行动的采取会比其他情况下的更早一些。

充分讨论这些观点，要占用比本书所能提供的多得多的篇幅。不过，我反对它们的基本意见却很简单：外汇市场上实际的不平衡现象的出现，并不全都与国际性成本与价格模式中的扰动有关。在通货可兑换黄金的条件下，尤其是在一个小国中，过分的信用膨胀率，会使该国很快地陷入国际收支的赤字之中，这种情况的发生，要远远提前于价格的实质性上涨，因为价格总以各种方式因进
83 口舶来品的竞争而被压低。[①] 不过，国家通货在市场供应与需求的不受干涉的相互影响下的贬值，又会刺激进口货价格的上涨，而后者又反过来影响内部的价格、成本与工资的总水平。投机活动会加速和放大这些使平衡遭到破坏的运动，它本身固然不会，利用

① 参见我的论文“国际收支与汇率机制中的调节特性”（Adjusting Features in the Mechanism of the Balance of Payments and Exchange Rate），载于《在第 79 届国会对外经济政策小组委员会上的证词》（*Hearing before the Subcommittee on Foreign Economic Policy*，*79th Congress*）（华盛顿，哥伦比亚特区，1955）第 134—142 页。已收入于 1960 年春出版的欧洲经济与合作组织出版物《财政金融的源泉与运用，1948—1958》（*Sources and Uses of Finance*，1948－1958）中的统计分析资料表明，战争结束以来大多数欧洲国家国际收支中主要的短期波动，都与各国金融与货币膨胀的各不相同的比率紧密相关，至于价格和生产的变动却是协调一致的，全都受到同一个经济周期的影响，它一视同仁地笼罩在由整个西欧组成的已经紧密一体化的地区之上。

它也不能纠正内部的金融政策，而这种政策却正是国际收支赤字之根本原因。不过，如果这样的政策无限期地延续下去的话，通货贬值和物价上涨的加速发展，不可避免地或者使这种通货最终陷于崩溃境地，或者更可能的是使政府当局后退到严格的贸易限制和外汇管制，断送掉浮动汇率的实验。另一方面，如果有关当局不是像上面说的，而是想抑止住货币与信用的膨胀率，物价与工资的刚性特点，又会使扭转中介性成本增加的工作变得十分困难。新的“均衡”的汇率，即使没有重新复活的膨胀性势力的影响，也将低于正常的情况，因为汇率的伸缩变化和投机已在前一阶段把汇率、进口价格和总的工资和成本，推进到比固定汇率系统下可能达到的更高一步的水平上。抵制成本和工资向下调整的阻力，倾向于赋予任何汇率伸缩变化系统以一种“货币贬值偏向”，而这种偏向又不能不使私人的汇兑投机所具有的“稳定性能”，比这种制度的建议者所设想的要少许多。

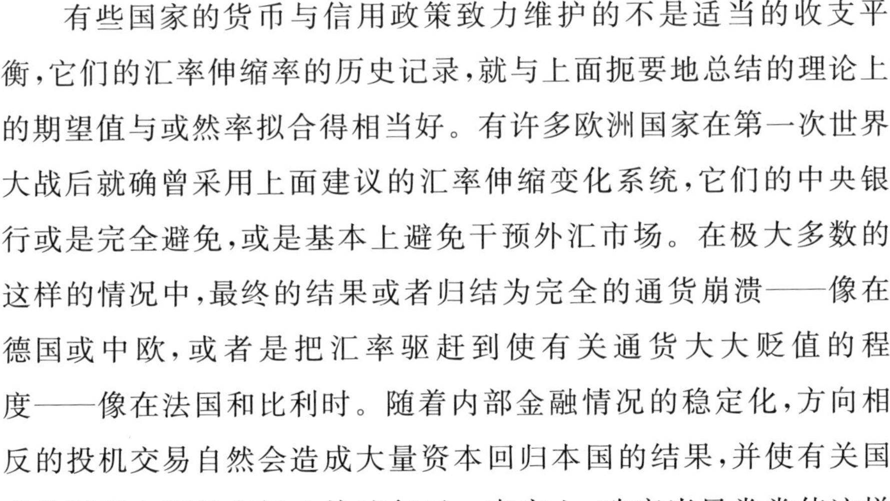

有些国家的货币与信用政策致力维护的不是适当的收支平衡，它们的汇率伸缩率的历史记录，就与上面扼要地总结的理论上的期望值与或然率拟合得相当好。有许多欧洲国家在第一次世界大战后就确曾采用上面建议的汇率伸缩变化系统，它们的中央银行或是完全避免，或是基本上避免干预外汇市场。在极大多数的这样的情况中，最终的结果或者归结为完全的通货崩溃——像在德国或中欧，或者是把汇率驱赶到使有关通货大大贬值的程度——像在法国和比利时。随着内部金融情况的稳定化，方向相 84
反的投机交易自然会造成大量资本回归本国的结果，并使有关国家的通货在汇兑市场上快速复元。事实上，政府当局常常使这样

的增值过程中止于通货的价值还多少偏低的某一点。假如当局允许，甚至鼓励人们继续推进这一过程，就会得到偏高的汇率，若再借助官方的干预使之稳定化，就一定会对经济产生沉重的通货紧缩的压力——像在意大利和英国。肯定并不存在任何经验性的事实支持这样的观点，即20年代广泛的汇率波动及投机有助于任何地方恢复均衡的汇率。无论是在推行这个实验的时期，或是当事实上的或由法律规定的通货稳定化使实验终止的时候，都找不到这样的事例。

浮动汇率的支持者会乐于承认上述的事实，并且也会同意，这样的政策，只有在同"正确的"货币、财政和信贷政策结合运用时才会成功。不过，在这样的情况下，浮动的汇率极有可能处于相当稳定的状态，因为在此情况下才有理由可以期待私人的投机活动会去缓和暂时性的不均衡状态。不过，若要认为这样的工作由私人投机商去做会比国家货币当局做得更好，却是没有道理的。后者的消息大概总要比私人投机商更灵通些。他们也还肩负着维护国家通货的全国性责任，他们也不能在汇率的稳定或管理上推卸责任，推诿说这个工作让私人投机商去做会干得更好，因为谁都明白投机商的动机绝不会在一切情况下都与国家利益相一致。

想要从私人的资本市场里引导出"起稳定作用"之干扰的最有效的方式，可能是主管外汇的当局有系统地插手进该市场，使得汇率一直在一个明确规定的界限之内浮动。只要私人投机者对政府的控制能力有信心，他们就会在汇率接近于这个界限时用国家的通货买进或卖出外汇，不让汇率变化超出界限。汇率波动幅度太大就不一定能激励他们这样做，正相反，若是上涨或下跌的势头蓄足了劲，就会诱使越来越多的人“到市场上去捞一票”，从而导致了不稳定干扰的增加。

此外，私人的稳定化干预作为一方，与中央银行的类似干预作为另一方，这二者对内部货币的影响存在着重要的区别。在后一 85
情况，中央银行买进或卖出外汇，以重新调整国际收支的方式直接影响了内部的清偿能力。这一角色改由私人资本的运动来替代，就会有相反的结果，它倾向于在该国其他外部交易中缓和不平衡在本国和外国的影响，并且从根本上抑制住古典的货币调整理论的作用。外部不平衡的国内影响，用这样的办法来“中和”使它“不起作用”，在某些情况下是符合需要的，但并不是在一切情况下都如此。当然，只要中央银行认为适宜，它总可以不受限制地采取有意识的政策行动，去抵消自动地隐含在私人稳定化投机活动中意在“中和”的倾向。不过，这种对“中和”的“中和”，不是使货币管理工作简单化，而是使它变得更复杂。总体来说，中央银行的稳定化干预，要比私人的稳定化干预有更多优点，前者隐含的倾向是内部的货币调整，而后者的则是谋求中和。

不过，在浮动汇率理论中，还有一个坚硬的有效性内核。这就是：将汇率重新调整到“现实的”水平，较之不断地用损失储备、向外国借贷或者贸易和汇兑限制等办法将汇率保持在“不现实”水平上要更好些，后者实在是徒劳无功而且劳民伤财的尝试。所有这三种方法，尤其是前面两个，在保证能达成均衡的汇率、反对纯粹暂时性的不平衡的影响时，可能是符合需要的。不过其中的第三种——亦即贸易和汇兑限制——在面对根本性的价格与成本失调时，却常常在一个漫长的阶段中一直使用着。这样，对国民经济的破坏就显而易见了。暂时性的限制，被广泛认可的暂时性限制，会诱使人们把开支延迟到限制解除的时候。拖延得很长久的限制，就很难说还会有这样的效果。它们反而会使资本的输入趋于枯竭，合法——或非法的——资本输出日益扩展，而且将开支从被禁止的进口物品转移到国内生产的物品上去。如果在这个时候国内存在着大量的失业，后一效果是符合需要的，但即使如此仍然不如汇率的重新调整，因为这样做会刺激出口、减少进口，恢复资本市
86 场中的平衡而且避免资源配置方面不必要的扭曲。不过，如果情况是像常常发生的那样，国际收支中的赤字与充分就业甚至过度的充分就业并存，这时使需求离开外国产品转向国内供应来源的做法，就只能相应地减少出口能力并且/或者加强内部通货膨胀的压力。

在上述的两种情况下，最好是采用重新调整汇率的政策而不要使用限制贸易与汇兑的永久性系统。① 在经历过一个扰动阶段之后，或者是在推行一种内部稳定计划，取得充分成功之前，在这样的背景下很难测定汇率的"正确"的水平，主管货币的当局最好暂时推迟新的稳定汇率的选定。②

上面这些言之成理的议论，固然可以用来反对被滥用的，而且大都凭空臆想的限制措施，也可以用来反对将汇率顽固地维持在

① 不过，在上述的过度充分就业的第二种情况下，让总开支重新向下调整，使得它与这个国家生产资源的最大的实际运用水平相当，肯定是必要的，而且有可能在许多情况中缓解对汇率进行任何重新调整的需要。参见本书第 92 页脚注①中所提到的文章。

② 对国际货币基金组织所推行的汇率政策，我在《欧洲与货币泥沼》第 116—124 页中进行了强有力的辩护。

不现实水平的做法，但不应该将它们外推为一揽子的方案，把浮动的汇率尊奉为实现国际收支管理的万应良药。对于本书第一部分中提出来的国际清偿能力问题，它们也没有提供令人满意的解答方案。适宜的储备水平并不能代替符合需要的汇率重新调整，但储备水平不适宜却仍然一定会导致我们不愿意其发生的汇率降低或汇兑限制，并且使国际贸易和国际收支发生不必要的扰乱，严重危害通货自由兑换的平稳运行和有效保持。

87

第二章　外汇储备的国际化

扩展中的世界经济所需要的清偿能力，很久以来已不能由黄金来提供适宜的数量了。新的黄金产量以及苏联出售的黄金加在一起，仍然比 1950 年—1957 年间世界储备增加量的一半还少许多，而且在可预见的未来期限内也不会超过预期的储备需要量的 1/3 到一半。[①]

除去黄金价格的大幅度重新估价之外，想维持适度的储备水平，就只能继续依靠外汇储备的增长，作为黄金储备的补充。不过，这必然越来越增加世界货币体系的脆弱性，免不了会对实际上充当储备媒介的各个国家的通货发生——有道理或无道理的——信心转移。1931 年景象的再次出现，会在某一个时点成为十分迫近而不可避免的事。

这个两难处境的合乎逻辑的解决办法，在于货币储备中外汇部分的“国际化”。利用国家的通货作为国际的储备，确实构成了世界货币体系中“降低内在稳定性的因素”。储备持有者的自由选择，会很正常地专注于为此目的而言“最安全的”有效通货，亦即将注意力集中于主要债权国的通货。不过，储备持有者在把这些通货当作储备积聚起来时，其实是在向发行这些通货的国家提供“无偿”贷款，而且也在进一步增加这些通货的自然硬度。而且，如果

① 见上文第一部分第五章，尤其是表 8、11 和 14。

关键国家使其黄金拥有量的增加，与它们国际短期债务的增加同
步，这样的出借并不能缓和国际清偿能力的短缺。只有当通货被 88
用作外汇储备的国家再成功地向海外放贷——或以援助的形式分
进出去。其数量不仅足以抵消相当于其往来账户的顺差剩余部分，而且还可以抵消无偿借贷的流入量（这个流入量相当于它们的通货被其他国家用作储备的累积量），只有这样，它们才能使形势有所缓解，而且避免“关键通货短缺”情况的发展。如果真的这样做了，而且只要继续这样做下去，国际清偿问题将得到解决，而关键通货国家的当局也会欢迎由此获得的政治影响，这是随着它们国际放贷能力的增加而获得的政治影响。[①]

不过，这样的过程肯定会在达到某一点之后结束。关键通货国家经不起自身净储备地位的无尽头的退化。如果这样的事发生了，它们的通货，在任何情况下都不会继续被认为是最安全的，于是其他国家总有一天会不再积聚这种通货，而且甚至有可能开始将它们拥有的储备中未兑现的那一部分兑换为黄金或其他通货。达到这样的阶段时，关键通货国家就会面对艰难的重新调整问题，调整国际交易中原有的内在结构。孤立主义者、只重视经济的人以及贸易保护主义集团都会在这样的形势中发掘到强有力的论据，要求削减对外援助计划和逆转以前推行的自由贸易政策。不过，这些类型的治疗办法，有可能不仅是国际性的破坏，而且实际上的效果也要比乍看之下的小得多，因为削减外援和减少进口这二者的得，极有可能在很大程度上被出口的减少这个失所抵消。

---

① 还可从下述的事实获得经济上的利益，即关键通货国家提供的贷款利率常常要高于为短期债务支付的利率，而且还有利于向借贷国家出口。不过，这两种考虑中的第一个显然不能应用于采取援助形式的资本再输出。

关键的通货国家无论采用什么样的政策去重新调整其国际收支和抑制黄金外流，一旦成功，不可避免的最低限度的结果是它对解决国际清偿问题方面的贡献，从此终止。另一方面，如果失败了，就会有更坏的后果，促使外国要求大规模地清偿它们所拥有的未兑现的国际收支余额，触发一场将其他货币也卷进去的国际性金
89 融恐慌。1931 年发生的正是这样的事，它在一时之间使英镑区以外国家间用货币储备进行的外汇结算，接近于消失。谁都不能否认，这些事件的作用就是强化了 20 世纪 30 年代早期的世界性危机。

总之，国际储备中由国家通货构成的那一部分，倾向于鼓励人们无偿地借贷给主要的债权国家，从而给这个国家已经面临的问题——为海外盈余提供资金——增添了困难。如果它不能完成这一任务，黄金短缺的问题就仍然未曾解决，不过表面看来穿上了短缺主要债权国通货的外衣。另一方面，如果它将足够数量的援助或信贷在海外重新分配，使得提供的资金不但抵消往来账户中的顺差盈余，而且还抵消了海外短期资金的无偿流入，则它的净储备地位将逐渐退化，终于达到它的通货对于储备持有者不再绝对安全的程度。储备资金的流动就会缓慢下来，甚至倒转其流向，以致再次加重国际收支中的总的打破均衡的因素，而不再是使之缓解。债权国在此阶段不得不进行的重新调整，如果进行得成功，最低限度也将终止这个国家以前做过的贡献，再不能将国际清偿能力维持在一个合适的水平上。不过，还存在一个严重的危险，即假如处置形势的技术不高明，就会出现整个世界都急速地从自由贸易政策倒退回去的结果，甚至会触发短期资金的大规模运动，从一种通货转向另一种以及从所有通货转向黄金。

避免这些困难的最逻辑的办法是十分明显的，而且，要不是因

为克服惰性势力以及让几十个国家在创立国际货币和信用的理性体系的各个方面达成协议这两方面有巨大的困难，它也有可能早就被采用了。当然，这也是黄金的国际清算最后手段的地位得以保存的唯一解释。没有人能想象得出有比下述情况更浪费人类资源的事了。在地球上的天涯海角挖掘黄金的唯一目的，是将它们运到一起，然后马上将它们更深地重新埋藏在专门为它们而开凿的保卫森严的其他深洞里。不过，人类制度的历史有它自身的逻辑。黄金作为一种商品，与其他也可替代它用作货币的商品相比，具有无可置疑的优点。用债券或纸币在各个国家的疆界内来代替 90
商品货币，是世界事务中缓慢、渐进而且是直到近代才出现的现象。这种方式延伸到国际领域，则甚至是更为现代的事，而且它一直在环境压力下杂乱任意地发展，而不是任何国家的或国际的权威方面理性创造活动的结果。这就说明了现在的情况，即完全不合情理地把**国家的**通货用作**国际性**的储备。然而自战争结束以来，地区性、国际性乃至超国家性机构的不断涌现，已经缓慢地打下了基础，可以在国际货币体系内进一步实现已经迟误很久的制度改革，特别是可以实现国家的货币储备的信托部分——外汇——的国际化。

这确实就是凯恩斯提出的国际清算同盟这个著名《计划》的基石。[①] 计划中有一条主要的条款，是整个结构的基础，它建议每个

① 以下的所有引文，全部摘自《英国专家为国际清算同盟提出的建议》(*Proposals by British Experts for an International Clearing Union*)，该建议提出日期为1943年4月8日，现重刊于《联合国货币与金融会议的记录与文件》(*Untied Nations Monetary and Financial Conference*)(美国政府印刷局，华盛顿，1948)第二卷，第1548—1573页。拙著《欧洲与货币泥沼》第95—109页，对凯恩斯的计划有充分的讨论与批评。

成员国承担义务，同意把任何其他成员在国际收支的最后结算中亏欠它们的班考(bancor)，作为黄金支付的替代物，转入清算同盟账册里它们的贷方，而且不加任何限制(第 6 条第 6 款)。根据这一条款并利用这一条款，清算同盟就被授予了等于是无限的放贷能力，因为“任何成员国都无权根据班考的余额，对清算同盟提出黄金要求”。这一点在第 29 条及第 5 条中也都说得很清楚。“如果记入贷方的余额只能在内部转账而不能转移到结算系统之外，清算同盟就永远也不会陷入向它提取的支票无法承兑的困境。它可以按它的心愿把随便什么贷款给予任何一个成员，并且保证收益只会转移到其他成员的清算账户上。它唯一的任务只是要保证它的所有成员都遵守规则，而且给予成员的每一笔贷款都是审慎而且对整个同盟也是可取的”。

对于《计划》的这个特点，凯恩斯正确地说成是国家银行系统
91 所依据的主要原则，向国际领域的逻辑延伸。凯恩斯关于这一点的说明值得我们再加以温习，也值得在下面加以引述。

债权国无限制地接受班考账面收入，其实并未承受实在的负担。“在清算同盟中积累的贷方余额，类似于进口黄金，表示握有这批黄金的国家自愿放弃了这些购买力的立即使用权。但是它又不像进口黄金那样，从流通领域里抽走了这部分购买力，也不会对整个世界，而且最后也免不了对这个国家本身施加通货紧缩、收紧银根的压力。所以在这一拟议的计划中，没有国家受到伤害，(而且正好相反)对债权国本身暂时不想加以利用的资源所施加的控制，并未使它们变得不能运用。班考贷方余额的积累，一点也不会削减它的能力，既不引导人去扩大生产，也不诱使人去增加消费”

(第 11 条)。

“总之,与国家银行体系是完全类似的。一家地方银行的任何储户,都不会因为他暂时存放不用的本息被别人用作经营资本而受损害。就好像国家银行体系的发展抵消了通货紧缩的压力,解除了否则就会束缚现代工业发展的因素一样,将同一原则延伸到国际领域,也指望它能抵消信用紧缩的压力,以免在社会性的混乱及失望中让它们的影响凌驾于我们现代社会的善良愿望之上。用信贷机制替代窖藏黄金的做法,将会在国际领域中重新出现曾经在国家范围内发生过的奇迹——点石成金”(第 12 条)。

“任何一个具体的成员国都不必承担义务,用它们的资源去支持任何特定的国家或任何国际性的项目或政策,只要求它们一般地同意:如果它们手中有暂时不打算动用的资源,就让这些资源汇集到总的基金去,去为经过批准的目的服务。对于有剩余的国家,这并不构成任何负担,因为并没有要求它与这些资源永远地甚或在任一阶段内分开,任何时候它都可以将这一资源用于它自己的目的;在此情况下,提供资金的负担就落到下一个接受这一原则的国家肩上。当然,仍然以它对这笔钱暂时无用途的时间为限。正 92
像上面已经指出的,这只不过是将任何国内银行体系共同的方法延伸到国际领域而已。这种方法就下述的意义讲是非人格化的,即既不要求特定的储户支持他那个银行家事先规定的目的宗旨,也不要求他永远放弃存款的使用权。除去有一条同样可以应用于国内银行技术的意见之外,再没有其他能抵消其优点的反对理由。那就是它可以被滥用,以致创造出过量的购买力,从而引起物价的膨胀。在我们力图避免对立面——通货紧缩——的恶果时,也一

定不能忽略这方面的风险。……既然在国内不能因为类似的风险就倒退到17世纪时金首饰商人的做法(我们在国际上奉行的却仍然是金首饰商人的原则),并且放弃因为奉行了银行原则才成为可能的生产巨大发展,自然也没有更多的理由去否认国际性银行的优点。无论何处,只要是为了普遍利益的目的而需要筹集资金,不必指名道姓地请求某个国家做出特殊的贡献,而只要依靠整个体系的匿名且非人格化的援助,实在方便了许多。在此,我们拥有的是真正国际化政府的名副其实的机构”(第40条)。

上面引文中的最后一句话,点破了对凯恩斯整个议论的唯一有效的反对意见的天机。这个反对意见的性质,其实是政治的而非经济的。从狭义的经济观点看,凯恩斯是完全正确的。在他的计划中,班考账目与黄金一样的好。虽然债权国积累起来的班考会用作向其他国家放贷的基础,债权国账户的清偿能力却并未削弱,因为这些班考总可以像黄金一样在世界的任何地方支付。不过,政治上的反对意见却是双重的。

首先也是首要的一点,连凯恩斯本人也承认,那就是,若是对清算同盟的放贷能力使用得轻率,在全世界范围内得到助长的会是通货的膨胀而非生产的扩充。其结果就会贬损债权国账户的实际价值——包括它们的黄金储备和班考储备——并把它们置于假如没有同盟放贷引起的膨胀,就不至于处在如此强大的膨胀压力之下的地位。这一点从表面看来似乎是对《计划》的一种合理的经
93 济性反对意见。但如果债权国本来也同意同盟的放贷政策,它们就不该因为完全赞同之决策的后果而抱怨。所以问题的核心就在于同盟内部的表决程序,以及其中所可能含有的主权的丧失。可

以设想并建立各式各样的保护措施，并减轻债权国在这方面的合乎情理的忧虑。不过，在凯恩斯《计划》中提供的那些措施却完全不适宜，而在就此问题进行讨价还价的各方之间，更缺乏寻求较好保护措施所需要的诚意。[①]

第二个反对意见是来自未来债权国的观点。它们反对同盟放贷的“非人格性”或“匿名性”。凯恩斯将这一点看成是《计划》的主要优点所在，而且无论是从国际的观点，或者甚至是从未来借款者（例如战后初期的联合王国）的观点，也确实是如此。不过，与借贷双方直接谈判相比，这样也必然减少了放贷国施加政治影响及讨价还价的权力。确切地说，与其把这一条看成是对《计划》的合乎情理的反对意见，倒不如说是在主权国家林立的世界上成功地达成协议道路上的一个障碍。

必须充分认识在这一领域内这些困难的极为突出的政治性质，才有可能在设计实用方案的尝试并就方案达成国际协议的过程中取得切实可行的进展。这种解决问题的态度中主要的一条，就是要区分，通过世界性协议可以达成什么样的结果，以及什么是只有在区域性的规模上才能实现的——这里说的区域性规模指的是，因为在地理和历史上共同的背景，有了相互理解问题及政策的较好准备，相互间高度依赖而且敏锐地意识到这种依赖性的国家所组成的比较小但又更加同质的集团。

---

① 一个简单然而极端的解决办法可以是把一致同意规则强制规定为重要放贷决策必须服从的规划。这样的规定并不像乍看之下那样会使组织陷于瘫痪，这可以从总是奉行这个规则的欧洲经济合作组织的经验中得到证明。本书的其余部分，还将讨论其他不那么极端的解决办法。

94 # 第三章　国际货币基金组织的现状

像现在这样组成的国际货币基金组织（International Monetary Fund），对于世界清偿问题所做的贡献，虽然已经极有价值，但却仍然是有限的。

过去和现在的贷款情况

国际货币基金组织（IMF）成立 12 年来的放贷业务，总结如表 15。前三年（1947 年—1949 年）的贷款总额，达到 7.59 亿美元，但大都在以后的六年中归还。到 1955 年底，未偿还的贷款总数只有 2.34 亿美元。苏伊士运河危机之后，放贷活动达到了前所未有的水平。基金组织的净贷出量在两年内上升到接近 15 亿美元，而且从那时以来一直未曾归还，使累计数达到 17 亿美元。

除此之外，在所谓的备用协定下还有约 9 亿美元未动用的提款权尚未偿还，而且所有国家都保证享有“有疑虑者无可比拟的利益”，可以在它们的国际储备的“黄金部分”之内借贷，亦即可以借贷到它们以黄金支付给基金组织的认缴份额以及基金组织使用掉的它们通货认缴份额二者之和。将这些尚未使用的资财加在一起，对表 15 中列举的债权国来说，总数达到 24.5 亿美元，联合王国有 7.4 亿美元，而所有其他国家加起来是 3 亿美元。①

---

① 在本书所列的所有图表中，未偿还的基金组织的贷款（到 1958 年底时为 17 亿美元）是包括在借款国家总储备之中，作为储备之一部分的。不过，这些国家对基金组织的净债权以及在备用协定下可获得的提款权，则未说成是这些国家货币储备的一部分。

表 15　国际货币基金组织的贷款及放贷义务

（单位：百万美元）

A　国际货币基金组织贷出，1947 年—1958 年						
	表面借款 (1)	其他成员再购入借款国通货 (2)	实际借款 (3＝1－2)	借款者偿还 (4)	净借款 (5＝3－4)	阶段末净借款累计 (6)
Ⅰ　1947—1949	777	17	759	2	757	757
1947	468	6	462	—	462	462
1948	208	11	197	—	197	658
1949	101	—	101	2	99	757
Ⅱ　1950—1955	439	186	254	777	－523	234
1950	—	—	—	24	－24	733
1951	35	28	7	46	－39	694
1952	85	—	85	102	－16	678
1953	230	158	72	163	－91	587
1954	62	—	62	210	－148	439
1955	28	—	28	232	－205	234
Ⅲ　1956—1957	1670	—	1,670	177	1,493	1,727
1956	693	—	693	113	579	814
1957	977	—	977	64	913	1,727
Ⅳ　1958	338	21	317	348	－31	1,696
Ⅴ　总计	3,224	224	3,000	1,304	1,696	

B　IMF 在 1958 年底未动用的放贷义务	
I　备用协定下的未提取数	911
A　联合王国	737
B　其他国家	183
I　净信用贷款及各国认缴的黄金部分其中	2,580
A　主要债权国	2,452
1.美国	1,958
2.德国	147
3.加拿大	90
4.荷兰	69
5.日本	62
6.比利时	56
7.意大利	45
8.瑞典	25
B　其他国家①	128

注：①已减去与备用协定重复的 500 万美元。

96 ## 放贷能力

基金组织的未来放贷能力——从而也就是它缓解世界性清偿能力短缺问题的能力——更加难以评价。

所有基金组织成员所认缴的份额总和，反映的既是基金组织要提供的贷款义务的总量，又是成员国借得到的钱款的总数。不过，由于同一个国家不可能在同一时间既是净贷出者又是净借入者，在任何时间可使用的最大的净放贷义务，不可能超过这个总和的一半，除非普遍的弃权现象允许负债国借到超过它们总份额的借款。以此为基础，可以估计出基金组织现时的放贷能力的极限值大致为43亿美元。[①] 在基金理事会最近批准的增加份额的决定生效后，这个数字还会增为67.5亿美元。

97 不过，这是一个相当理论性的估计，首先应该考虑到基金组织既往的营运情况，并据此进行修改，因为既往的业务已经深深地更改了许多国家的未兑现的放贷义务和借款权利。这些业务的情况，总结如表16。到1958年底，扣除所有未缴付的认缴款之后的基金组织的资源，可以从该表的第10行读出。它们包括15亿美元的黄金和67亿美元的大约60个成员国的通货。不过，在后一个总数之中，有一半以上的通货，从来也没有一个国家向基金组织提出过借贷的申请，而且也极少有可能卖出可观的数额。它们极

① 到1958年底各成员国认缴份额总数约为92亿美元，但包括了近9.5亿美元尚未缴清的认缴数。除非特别说明，本书在讨论时所做全部估计都假设这些款项已全部缴清，只有中国台湾省是例外，它未缴的大份额(5.5亿美元)显然与它向基金组织放贷或举债的前景都无关系。

表 16　1947 年—1958 年国际货币基金组织的通货与黄金交易

（单位：百万美元）

基金组织的收（+）与支（-）	美元	德马克	加元	比利时法郎	荷兰盾	英镑	其他通货	所有通货	黄金	总计
1.成员的借款（+）	—	—	—	+83	+144	+862	+2,135	+3,224[4]	×	+3,224
2.其他成员的借款（-）	-2,916	-69	-15	-11	-5	-208	—	-3,224[4]	×	+3,224
3.总的净借款（1+2）	-2,916	-69	-15	+72	+139	+654	+2,135	×	×	×
4.偿付款	+1,000	—	—	-72	-39	-108	-985	-305	+305	×
5.累计借款	-1,916	-69	-15	—	—	-545	+1,150	-305[5]	+305[5]	×
6.其他[1]	-46	—	—	—	—	+13	+4	-29	+52	+22
7.整个基金的收或支（5+6）	-1,962	-69	-15	—	—	+558	+1,154	-334	+356	+22
8.黄金购买的通货[2]	+692	—	—	—	—	—	—	+692	-692	×
9.基金持有量的总变化（7+8）	-1,270	-69	-15	—	—	+558	+1154	+358	-335	+22
10.剩余的持有量[3]（11+9）	792	183	210	169	206	1,618	3,562	6740[4]	1,532[6]	8,272
11.认缴的份额[3]	2,062	252	225	169	206	1,060	2,408	6382	1,867	8,249

注：1.基金组织的行政开支（-）以及杂项收入（+）。这些杂项收入主要由支付费用的成员国的本国货币组成。

2.包括 0.92 亿美元直接从成员国收到的代替黄金的认缴数。

3.不包括所有未交付的认缴份额。

4.包括到期（1961 年 7 月）要分期支付给退会成员（捷克斯洛伐克）的 200 万美元。

5.代表基金组织在（20 亿美元的）业务量中，以黄金形式接受的，净借款国“卖给基金组织”的通货（16.96 亿美元）以及“基金组织卖出”债权国通货之差。

6.包括 2 亿美元美国国库券以及等待投资的基金，这些基金来自出售黄金及在投资结束时换回等量黄金过程中获得的收益。

大多数都是不发达国家的通货——诸如印度、巴西、巴基斯坦等等，应该把这些国家考虑为基金组织的经济性借贷国，而不是向基金组织放贷的国家，在基金组织运作的12年中曾经放贷出去的六种通货，基金组织持有的总量是30亿美元多一点，不过，其中倒有
98 16亿美元是基金组织的最大净欠债国的通货，真正净借出去的通货只有三种，总数还不到12亿美元。[①]

基金组织的真实放贷能力的评估，虽然仍然是高度猜测性的，但可从表17获得更为现实的印象。根据未来向基金组织告贷的国家申请何种通货的不同假设，这里提出了十种不同的计算结果。为简便，这里只为此目的保留了八种通货，而且其中有一些还相当随意地归类在一起。一般都会同意，基金组织的其他通货中再也没有几种可以增添到这份名单中去了。即使增添了，在任何情况下，对基金组织放贷能力的最终估计，也不会有什么实质性的增加，因为涉及的金额充其量也很小，而且如果在剩下来的告贷国家间对借款限额不存在广泛而且大规模的弃权现象，它们也没有与其他八种通货同时被利用的可能性。

如果基金组织的告贷者保持了对美元的强劲需求（Ⅵ，1，a、b与c诸行）基金组织的最大放贷能力，在认缴份额增加之后，根据同时有需求的通货有几种——及需要多少——大致在45亿到74亿美元之间。不过，基金组织实际上贷出去的不能达到后一个和数，除非在所有其他成员中对告贷的限额存在着很大的弃权（要超过15亿美元）。

① 基金组织在偶然情况下卖出去的英镑、荷兰盾以及比利时法郎，全被这三个国家以前向基金组织借贷的数额所抵消，甚至抵消而有余，见表16的第1、2、3行。

表 17　国际货币基金组织的放贷能力

（单位：百万美元）

	基金组织放贷能力			其他成员借贷份额					
	基金组织现持有	建议增加份额	合计	合计	美国	英国	其他提取通货（Ⅳ）	其他主要通货（Ⅴ）	其他国家
Ⅰ　黄金	1,532	1,210	2,742						
Ⅱ　美元	792	1,031	1,823						
Ⅲ　英镑	1,618	487	2,106						
Ⅳ　过去提取过的通货	768	718	1,486						
1.德国马克	183	343	526						
2.加元	210	187	397						
3.荷兰盾	206	103	309						
4.比利时法郎	169	84	253						
Ⅴ　其他主要通货	975	384	1,359						
1.法国法郎	787	197	984						
2.日元	187	187	375						
Ⅵ　放贷能力的替换模式									
1.黄金与美元									
a.仅（Ⅰ＋Ⅱ）	2,324	2,241	4,565	9,774	—	1,794	2,688	1,215	4,077
b.加Ⅳ：（Ⅰ＋Ⅱ＋Ⅳ）	3,092	2,959	6,051	7,086	—	1,794	—	1,215	4,077
c.再加Ⅴ：（Ⅰ＋Ⅱ＋Ⅳ＋Ⅴ）	4,067	3,343	7,410	5,871	—	1,794	—	—	4,077
2.黄金与英镑									
a.仅（Ⅰ＋Ⅲ）	3,150	1,697	4,847	14,407	6,427	—	2,688	1,215	4,077
b.加Ⅳ：（Ⅰ＋Ⅲ＋Ⅳ）	3,918	2,415	6,333	11,719	6,427	—	—	1,215	4,077
c.再加Ⅴ：（Ⅰ＋Ⅲ＋Ⅳ＋Ⅴ）	4,893	2,799	7,692	10,504	6,427	—	—	—	4,077
3.黄金与美元英镑外的所有通货：（Ⅰ＋Ⅳ＋Ⅴ）	3,275	2,312	5,587	8,221	6,427	1,794	—	—	—
4.黄金、美元与英镑									
a.仅（Ⅰ＋Ⅱ＋Ⅲ）	3,942	2,728	6,671	7,980	—	—	2,688	1,215	4,077
b.加上曾提取过的通货（Ⅰ＋Ⅱ＋Ⅲ＋Ⅳ）	4,710	3,446	8,157	5,292	—	—	—	1,215	4,077
c.再加其他主要通货（Ⅰ＋Ⅱ＋Ⅲ＋Ⅳ＋Ⅴ）	5,685	3,830	9,516	4,077	—	—	—	—	4,077

用英镑替代美元作为有强大需求的通货（Ⅵ，2，a、b 与 c 诸行），上面的估计数并无多大变动，除去一点，即让美国代替英国成为绝对借贷者，可以使同样的放贷能力——而且确实还要多些——都得到利用，而且对借贷限额也不存在任何弃权现象。

在对美元和英镑都无需求（Ⅵ，3 这一行）时，基金组织的放贷能力将远少于 60 亿美元。

最后，如果借贷者对美元和英镑都有强大的需求（Ⅵ，4，a、b 与 c 诸行），基金组织的放贷能力将达到 67 亿到 95 亿美元之间，不过，超过 75 亿的部分又需要有有利于借贷者的广泛弃权。

当然，上述所有都是极端的假设，提到的是最大的极限，而不是基金组织在未来最有可能的放贷规模。可以这么认为，贷款总

100 额超过了 50 亿美元太多，就极有可能引起对某几种债权国通货的威胁性短缺，就会耗尽基金组织的黄金资产，使它在“有疑虑者有无可比拟的利益”这个对每个成员国做出的道德承诺上，无法用符合这些成员国需要的货币承兑它们在各自黄金部分内的提款要求。

然而，即使是 50 亿美元的放贷能力，应付未来几年内世界清偿能力短缺问题，仍然是绰绰有余的，对下一个十年期间短缺情况的粗略估计大致在 50 亿到 150 亿美元。[①] 由于美国之外的所有

---

① 不过，这些数字实在并不是可比的。首先，在 50 亿美元这个估计数中包括了要从国际储备的黄金部分里借贷的数目，而这个数目的实质不过是借贷者将它们自己贷给基金组织的金额恢复原状而已，此外，某些放贷的国家，并没有把因为向基金组织认缴了黄金，基金组织又使用了它们认缴的本国通货而拥有的权利，看成是它们的货币储备。所以，国际货币基金组织发放贷款，对于世界清偿问题的主要贡献，在于将原来就存在但被贮存起来的世界储备“激活”，而不在于创造了额外的清偿能力，或者说前者的作用远大于后者。债权国的“没有活性”的储备，被储备水平特别不足的借贷国家所需要，被它们所运用。从这个意义上说，基金组织的贷款增加了世界储备的周转速度，而不是它的数量。

的储备持有者，在1958年的储备地位都有相当好转，这一判断就更加正确。包括英法在内的那些国家，在未来几年内都不像是会要求基金组织给予大规模的帮助的，所以基金组织能将它的大部分资源贷款给非工业化国家，特别是考虑到它们在最近几年中国际收支以及储备地位令人震惊的恶化，它们才是最需要这类帮助的国家。

各国政府及其专家应该利用基金组织的份额增加后赢得的喘息机会，去探索更勇敢和有想象力的改革方案，调整国际货币机构，使之适应今日之需要和可能。

当前这个体制的最基本的缺点，而且也是它在未来稳定性方面的主要危险，在于如下的事实：它让世界货币清偿能力的令人满意的发展，主要去依赖大家都承认的不可能有充分供应的黄金生产上，还去依赖也是大家都承认的危险而且随意的关键国家短期债务的扩张。这一问题的最符合逻辑的解决办法，是用国际货币
基金组织的收支余额代替所有成员国的货币储备中的各种国家 101
通货。

在下文所列出的必要保证之下，接受这样一种解决方案，同时还消除了基金组织的借与贷的方法中许多不必要的繁琐手续和局限，而这些东西在借与贷都依靠固定认缴的国家通货时，却是少不了的。这样一来，成员国货币中采取国际货币基金组织账面余额形式的那一部分的正常积累，就成为基金组织放贷能力的来源，它们也像黄金一样，可以在国际上充分地通用。与现在的认缴份额制不同，这样的账面余额并不牺牲持有者的清偿能力，而且它们的数额也可以灵活地调整得与每个成员国的储备地位在未来的进展

一致。这样就可以免去为了增加认缴份额，每隔若干年就让几十个国家开会协商，而且增加的份额中大部分不过是让基金组织的保险箱里堆满了以百万甚至以十亿计算的阿富汗尼、菲律宾比索、巴西克罗赛罗、圆、南斯拉夫第纳尔、委内瑞拉博利瓦等，而这些形形色色的货币，对于这个组织，却不会有任何用途。

当然，这样一个解决办法的本质特点，与前面第 100—105 页介绍的凯恩斯建议的班考是同一的。不过，下面要具体化的建议却又几乎在所有方面都与凯恩斯的计划有区别，而且这些差别又是由两条主要的考虑所决定。第一条是，要正面对付那些曾提出来反对过凯恩斯计划的政治的及经济的议论，特别是那些从未来的债权国看来会使计划成为实际上无法取得协议之东西的议论。第二条是要清除掉凯恩斯建议中的若干弱点，这些弱点在极大多数情况下是因为提议人特别关心英国的观点与利益而产生的，另外一些弱点则是来源于提出建议时所处的早期战后年代，使他理所当然地以为会发生高度反常和困难的情况。

第四章　国际货币基金组织的一份新宪章 102

我们这个建议的基石是用国际货币基金组织中账面收支的余额来取代所有成员国货币储备中的国家通货——极大多数情况下是美元和英镑——的结余。应设法让这样的账面余额在一切方面都与黄金相当，并且在世界的支付中广泛地通用与接受。

凯恩斯计划也可以达到后一个目的。那是给每个成员国规定一条强制性的义务：在与任何其他成员国清算往来中积累起来的权利时，它要无限制地接受结算后的班考账款。如此地记入它账户贷方的班考，在与其他成员结算时，可以自由地使用，但是它没有从清算同盟提取黄金的任何权利。成员国接受这样的建议，相当于授予同盟以无限的放贷能力，这种放贷实际上受到的约束，是一些并不充分的限制，它们在每个成员国借贷权利及份额的条款中提及。

反对凯恩斯计划的主要意见正在于，若是未来的有顺差盈余的国家承担了如此广泛的关于积累班考的义务，那就会让自己受到强大的膨胀压力的威胁。第二个反对意见在于如下的事实，与英镑和美元的任何进一步增长联结在一起的扩张性影响，并没有因清算同盟创造的班考货币而被取代，反而是增加了。维持美元与英镑余额——与黄金和班考一起——作为国际结算中的另一种或补充性的手段，也意味着凯恩斯计划还没有清除掉由黄金汇兑

本位的操作所引起的危险与弱点。最后，人们还提出了一个生动
103 而有力的反对意见，凯恩斯计划自动赋予未来的国际收支有赤字的国家以大的借贷权。

当年，解决这些反对意见的事实上的做法是放弃凯恩斯计划的关键特征，并且用国家份额（它主要是向国际货币基金组织认缴的国家通货）代替班考账户。下面要提的建议则与此相反，既要保存凯恩斯计划的核心机制，又要正面迎接提出来的反对意见。这些建议要保留国际货币基金组织——或班考——账户，作为一种充分多边化的结算工具，从而大大简化了这个机构的放贷与借款操作，同时以更加坚定的方式保证所有成员国货币相互间的自由兑换，以免在世界贸易支付中再发生差别对待和双边互惠主义。

基金组织总的放贷能力的来源与限度

与凯恩斯计划一样，新的国际货币基金组织的放贷能力，基于其成员国班考账户——采取向基金组织交保证金的形式——的积累，这种账户也与黄金储备一样，成为成员国总的货币储备的重要部分，而且在国际结算中也与黄金完全相当。不过，这个基本目标既不需要赋予基金组织以无限的——而且潜伏着膨胀危险的——放贷能力，也不要求每个成员国预先承诺在结算它的顺差时，无限地积累其班考账户。

可以把基金组织的放贷能力恰当地限制在使创造出来的班考账户足以保持适宜的国际清偿能力的水平上。为此目的可以采纳各种标准，最简单的一个，是给基金组织规定一个在任何 12 个月的阶段内净贷出总额的极限，这个总数与世界货币黄金在同期内

的增加合在一起，使总的世界储备的年增加率可以保持在，譬如说，3%—5%[1]。当然，确切的数字不可能用科学研究的方法来确定，而是在任何情况下都要根据实际的协商，即根据在达成有关新的基金组织的协议时各国出现的各式各样观点之间的协商。一种合理的保守的解决办法，是保留3%这个数字作为肯定的非膨胀性的比率，同时规定，需经过特定多数的表决（2/3、3/4、4/5的多数同 104
意乃至一致同意）才可授权让一年的放贷额超过3%、4%或5%。[2]

例如，假设货币的黄金储存继续每年增加7亿或8亿美元，基金组织以3%为基础的放贷额在今天可粗略地估计为8亿到9亿美元。4%的比率将使放贷的估计值提到14亿美元，而5%时则是一年20亿美元[3]。这些估计值随着世界储备的进一步增加，还将逐步然而缓慢地增加。另一方面，随着世界货币黄金储备现时增添量在未来的波动，这些估计值既可能增加也可能减少。

最低的保证金要求

必须做出怎样的规定，才能劝导各个成员国，愿意把它们总的货币储备每年增长数的一部分作为积累起来的基金组织余额，成为基金组织放贷的资金来源呢？

多年以来，极大多数成员国的货币储备中有相当一部分一直

---

① 见上文第55—60页。

② 另一种标准，更合逻辑但也更难以具体地规定的标准，是以某些国际性的物价指数的现行趋势为根据，这些指数可反映世界经济所受到的通货膨胀或紧缩的压力。

③ 这些计算以基金组织对世界储备——国际组织的除外——的估计值，即到1958年底约为540亿美元为基础。

是外汇——主要是美元和英镑——而非黄金。外汇储备在总储备中的比例，到1957年底为止，从全世界来说平均为30%左右；而如果不算美国与英国，这个比例甚至高达55%。[①] 在苏伊士运河危机之前的五年间，仅各国政府手中的美元结余就以每年近10亿美元的平均速率增加。

当然，进行这样的积累的主要好处是，在世界结算中使用关键通货发生的费用要比黄金的低，再就是一个国家从外汇形式的储备部分中还可以得到收益。另一方面，制约这种积累的主要因素则是与持有外国通货不可分离的汇率浮动、停兑黄金、停止使用乃至违约拖欠这些风险。

把国家性通货的余额转换成国际货币基金组织中的收支余
105 额，既可完全保留同样的激励因素，同时又大大减少了上面提到的制约、威慑因素的分量。基金组织从其贷款及投资得到的收益[②]，应该根据成员国在机构内余额的多寡，按比例分配。成员国在基金组织内的结算余额——基金组织的所有其他账目也都一样——应该用黄金单位表达，从而可以免去持有物是某个国家的通货时总与外汇连在一起的外汇风险。它们也同样不受基金组织的任一成员国做出的不能兑换黄金之决策的影响。它们在任何时候都可以像黄金一样，自由而广泛地由其持有者支付给任何成员国，甚至

① 见表3及表12。

② 见下文第131—135页。不过，由于基金组织的资产中有一部分是成员国缴纳的无收益的黄金，所以这些保证金的收益率，要比基金组织在贷款及投资方面的低。另一方面，基金组织可以用支付较高利率的办法，吸引各成员国极小的保证金要求以外的自由存款。

非成员国[①]。这些规定应该有可能使所有的国家都把它们在基金组织账户上的余额看成是它们货币储备的正常而有价值的组成部分，并且在计算储备或在需用黄金支付——指有法定条文规定——的场合，将它们看成是完全与黄金相当的。

上述的各种优点，极有可能使许多成员国家，尤其是那些持有大量外汇而非黄金作为货币储备的国家，对基金组织的账面余额产生相当大的需求。过一段时间之后，成员国自愿持有的基金组织余额会大大超过基金组织进行贷款活动所需要的资金，在此情况下，基金组织的资产中的一个在增长的部分就会采取黄金的形式。

不过，除非成员国已经完全熟悉了这个体制，而且完全熟悉了这种新形式的储备资产的安全、流动及盈利能力，上述的情况还不会成为真实的情况。至少在初始的岁月里有必要要求基金组织的成员国持有充分足够的基金组织账户余额，足以为基金组织的放贷提供资金，并且保证——通过积累足够的黄金储备——基金组 106
织中的结余账款可以兑换成任何一种通货，甚至是结算时实际需要的最硬的通货。

实现这两个目的的最简单的办法是，要求所有成员国在它们总的货币储备中有一定的比例采取基金组织保证金的形式。所有

① 基金组织的成员现在实际上已包括了苏联集团以外的所有国家，只有瑞士和新西兰例外。为劝导这两个国家参加改造过的国际货币基金组织，可以做一些进一步的努力，而我们下面的讨论将假设这些努力已取得了预期的效果。不然的话，为了使成员国能提取它们在基金组织的账款去与非成员国结算，所需做的特殊安排，对于基金组织来说也并不构成任何严重的负担。

国家都要同意在结算它们国际上的债权要求时，不加限制地接受这种保证金。一旦它们在基金组织账户上的存款金额增加到超过了所要求的极小值，只要它们愿意，在任何时候都有权将之兑换成为黄金。这个义务会取代现在的基金组织份额系统，而且无论从单个成员的观点还是从基金组织本身的观点，都提供了大得多的优点。

第一个优点在于这样的事实：基金组织账户中的这种余额，就像黄金本身一样，在支付时是完全流动和可用的，所以就应该——像上面已经指出的那样——考虑为每个国家之货币储备的一部分。在国家储备中维持一部分这种形式的储备，对国家并不构成负担，而且也不会引起内部的资金筹措问题，而在筹措向现在的基金组织认缴的份额时，却已在有些国家出现了这样的问题[①]。

第二个优点是每个国家必须缴纳的保证金会随着该国总的储备地位的波动而自行调整。于是基金组织总的资源会随着世界储备总水平的增加而增加。不过，最重要的是，基金组织关于增加保证金极小值的要求，会集中在那些净顺差盈余正在发展、通货在国际清算中需求最殷切的国家。这种灵活性应该与现行的份额体系的死板、随意和浪费做一对比。现在的份额体系的改变只能是不经常的，只能通过一个艰苦费力的国际谈判过程，还要通过所有成员国国内新的立法审批过程，才能实现。

① 由于如此认缴的份额不能由认缴者在支付时自由使用，仅仅用它换取了一种向基金组织申请贷款的权利，许多国家并不把它们关于基金组织的债权人地位看成是它们储备的一部分。向基金组织认缴以及对它取得提出要求的权利，都必须由政府本身来筹集资金，它或者来自已经积累起来的基金组织或者向中央银行或市场借贷。

还有一个有待解决的问题。保证金的极小值要求应该是多少，才能既保证基金组织拥有适宜的放贷能力，而且还保证这个放贷能力仍然完全是多边的，也就是说，不会因为基金组织内部任何 107
特定通货“短缺”的有所发展而受到牵制妨碍？

表 18 和表 19 是在保证金相当于各国储备水平 20%的基础上进行的假设性计算。总储备(560 亿美元)内不包括根据欧洲支付同盟(EPU)清偿协定筹集的债权国在 EPU 的权利(约 14 亿美元)。不过，它包括成员国目前对国际货币基金组织的净债权，因为根据这里提出的改革建议，这些净债权会转变成为新的国际货币基金组织的具有完全清偿能力的储备保证金。所以就会要求各成员国在初始时在基金组织内存放约 110 亿美元的保证金。这个数字逐年再加上成员国储备增加额的 20%，在未来许多年内都会绰绰有余地满足基金组织的未来放贷需要。有可能最终会有需要对保证金占储备的比率做某些增加，但也极有可能在这以后的自动存款数会大得使这种强制性的增加保证金的措施变得没有必要。

可以把保证金极小值的要求与我们建议想要取代的、即将进入操作的基金组织新份额做一比较。对大多数国家——尤其是那些低储备国家——这些极小值都是相当小的数目，只有少数几个高储备国家，才稍稍比增加了的份额大一些：美国(3.8 亿美元)，德国(2.9 亿美元)，意大利(2 亿美元)，瑞士(4.1 亿美元)，委内瑞拉(1.9 亿美元)，葡萄牙(1.4 亿美元)[①]，奥地利(6 千万美元)等。

① 在国际货币基金组织最近接纳葡萄牙为会员国之前。

108　表 18　根据 1958 年年底的货币储备对 IMF 的保证金与修正过的份额作比较

（单位：百万美元）

	总储备				基金组织保证金极小值（5＝4 的 20%）(5)	修正过的份额 (6)	多出的外汇（7＝1＋2－5）(7)	支付的黄金（8＝5－1－2）(8)
	在 IMF 的净债权 (1)	外汇 (2)	黄金 (3)	合计（4＝1＋2＋3）(4)				
Ⅰ　美国	1,958	—	20,582	22,540	4,508	4,125	—	2,550
Ⅱ　英国	—	255	2,850	3,105	621	1,950	—	366
Ⅲ　欧洲经济与合作组织大陆部分	367	6,456	9,694	16,517	3,303	3,211.0	3,962	442
A　欧洲共同体	318	4,660	6,647	11,625	2,325	2,610.0	2,816	163
德国	147	2,587	2,639	5,373	1,075	787.5	1,659	—
法国	—	448	602	1,050	210	787.5	238	—
意大利	45	1,230	1,086	2,361	472	270.0	803	—
荷兰	69	338	1,050	1,457	291	412.5	116	—
比利时－卢森堡	57	57	1,270	1,384	277	352.5	—	163
B　其他	49	1,796	3,047	4,892	978	601.0	1,146	279
瑞士	×	132	1,925	2,057	411	×	—	279
葡萄牙	×	216	493	708	142	×	74	—
奥地利	12	464	194	670	134	75.0	342	—
瑞典	25	267	204	496	99	150.0	193	—
挪威	12	200	43	255	51	100.0	161	—
丹麦	—	199	31	230	46	130.0	153	—
土耳其	—	154	144	297	59	86.0	95	—
希腊	—	164	13	177	35	60.0	129	—
Ⅳ　加拿大	90	870	1,078	2,038	408	550.00	552	—
Ⅴ　拉丁美洲	40	1,376	1,742	3,158	632	1,049.50	793	9
委内瑞拉	4	331	720	1,055	211	22.50	124	—
巴西	—	140	325	465	93	225.00	47	—
古巴	—	293	80	373	75	100.00	218	—
墨西哥	22	229	143	394	79	135.00	172	—
阿根廷	—	72	60	132	26	225.00	46	—
乌拉圭	4	30	180	214	43	22.50	—	9
哥伦比亚	—	89	72	161	32	75.00	57	—
智利	—	19	40	59	12	75.00	7	—
危地马拉	1	21	27	49	10	15.00	12	—
多米尼加	2	33	12	47	9	15.00	26	—
巴拿马	—	48	—	48	10	0.75	38	—
哥斯达黎加	1	17	2	20	4	7.50	14	—
厄瓜多尔	2	14	22	38	8	15.00	8	—
秘鲁	—	12	19	31	6	37.50	6	—
洪都拉斯	2	8	—	10	2	11.25	8	—
萨尔瓦多	2	6	31	39	8	11.25	—	—
尼加拉瓜	—	6	1	7	1	11.25	5	—
巴拉圭	—	7	—	7	1	11.25	6	—
玻利维亚	—	1	1	2	—	22.50	3	—
海地	—	—	1	2	—	11.25	—	—

续表 109

	总储备				基金组织保证金极小值	修正过的份额	多出的外汇	支付的黄金
	在 IMF 的净债权 (1)	外汇 (2)	黄金 (3)	合计 (4=1+2+3) (4)	(5=4 的 20%) (5)	(6)	(7=1+2-5) (7)	(8=5-1-2) (8)
Ⅵ 其他英镑区	22	3,692	755	4,469	894	1,403.0	2,820	—
澳大利亚	8	958	162	1,128	226	300.0	740	—
印度	—	475	247	722	144	600.0	331	—
马来亚	1	493	—	494	99	37.5	395	—
加纳	—	448	—	448	90	35.0	358	—
伊拉克	2	255	34	291	58	12.0	199	—
爱尔兰	4	244	18	266	53	45.0	195	—
南非	—	105	211	317	63	150.0	42	—
巴基斯坦	3	209	49	261	52	150.0	160	—
新西兰	×	153	33	187	37	×	116	—
斯里兰卡	4	172	—	176	35	45.0	141	—
缅甸	—	119	—	119	24	22.5	95	—
约旦	—	46	—	46	9	4.5	37	—
冰岛	—	15	1	16	3	1.5	12	—
Ⅶ 其他	106	3,102	1,159	4,367	873	2,221.5	2,340	5
A 欧洲	19	257	109	386	77	297.0	199	—
芬兰	9	214	35	259	52	57.0	171	—
西班牙	10	10	57	77	15	150.0	5	—
南斯拉夫	—	33	17	50	10	90.0	23	—
B 其他	87	2,845	1,050	3,982	796	1,924.50	2.141	5
日本	62	807	54	923	185	500.00	684	—
埃及	—	255	174	429	86	90.00	165	—
泰国	3	203	112	319	66	45.00	140	—
伊朗	—	112	141	253	51	52.50	61	—
印尼	—	180	37	217	43	165.00	137	—
比-刚果	×	138	83	221	44	×	94	—
越南	3	154	5	162	32	18.75	130	—
韩国	3	145	2	149	30	18.75	118	—
中国台湾省	—	102	9	111	22	825.00	80	—
黎巴嫩	1	16	91	108	22	6.75	—	5
以色列	2	91	2	94	19	25.00	74	—
菲律宾	—	82	10	92	18	22.50	64	—
埃塞俄比亚	1	52	4	57	11	15.00	42	—
叙利亚	2	7	24	32	6	9.75	3	—
其他	10	501	302	813	163	130.50	348	—
Ⅷ 总计	2,583	15,751	37,860	56,194	11,239	14,510	10,467	3,372

资料来源和注:修正过的估计值根据的是 1959 年 10 月出版的《国际金融统计》(IFS)关于 1958 年的最近报告,补充的法、日、希黄金估计值,根据《联邦储备公报》的统计资料进行计算,正像正文中说明的,在这些估计值(IFS 的)中已减去在 EPU 的债权,但加上了在 IMF 的净债权。

修正过的份额估计值是根据 1959 年报导的各成员国普遍增加 50% 估计的,各国均已同意基金组织做出的增加认缴份额的决定,伊拉克已经不再是英镑区成员。

不过，就极大多数国家而言，它们又多少大于各国认缴份额中25%的黄金部分，而且还应再次强调，各国存放在基金组织中的保证金还保留着它们完全的清偿流动特性，在国际清算中可以像大多数国家以美元或英镑形式持有的储备同样有用，甚至更加有用。

为了满足这些极小的储备要求，所有国家都要向基金组织转移数量相当的资产。适用于这一目的的资产有三类：

1.原来在基金组织中积累的净债权；它们自动转换为新的国际货币基金组织的保证金存款；

2.其他流动的或半流动的外汇，亦即主要是美元与英镑余额；

3.黄金。

110 如果我们假设所有国家在开始时都宁可把黄金资产留在自己手中，它们中的大多数只要把现在持有的外汇转给基金组织，就可以充分圆满地履行它们的储备义务。只有很少几个国家——主要是美国和英国——会有必要将黄金转给基金组织，这样才能实现它们缴纳保证金的义务（见第8列）。

表19表示的是所有这类转账都实现之后基金组织新的资产负债表。基金组织资产中将近半数（49亿美元）是黄金，其余的则是对成员国的各种权利，而很大一部分是美元（可能大于30亿美元）和英镑（可能接近20亿美元）。没有理由更改现在的偿付条款，因基金组织过去的放贷活动而拥有的债权（约10亿美元）仍将遵此办理。不过，有必要做出一些规定，处理因所建议的改革而新得到的权利要求。它们的很大一部分会是各成员国在纽约和伦敦的银行存款、承兑票据以及国库券，成员国是作为其货币储备的一部分持有的。基金组织并没有什么紧迫的需要去改变这些投资，

但它应该得到授权，以平滑而且递进的方式，根据对它的营运有用的原则，改动这些投资。给予基金组织以清理这些投资的特权，每年的最大进度假设为5%，就可以达到这个目的。遵此，美国和英 111
国必须每年偿付的最大债务，将分别为1.5亿美元和1亿美元左右。[①]

表19　假设进行了所建议的改革国际货币基金组织1958年底的资产负债表

（单位：10亿美元）

资　产		负　债	
1. 黄金 …………………………	4.9	1. 往来账户上成员国极小的保证金	11.2
a　1958年12月31日持有…………………………	1.5	a　来自1958年12月31日成员国的净债权…………………	2.6
b　新的保证金存款　……	3.4		
2. 对成员国的权利 …………	6.3	b　来自增添的黄金与外汇存款 ……	8.7
a　1958年12月31日……	1.1	2. 净收益 ………………………………	0.02
b　新的保证金贷款　……	5.1		
总计 …………………………	11.2	总计 ………………………………………	11.2

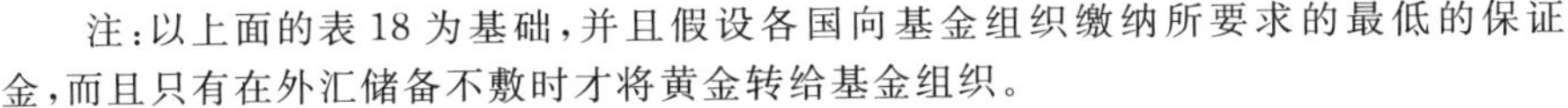
注：以上面的表18为基础，并且假设各国向基金组织缴纳所要求的最低的保证金，而且只有在外汇储备不敷时才将黄金转给基金组织。

在基金组织内“短缺一种通货”的任何实在的危险，会因为这种模式的基金组织资产而在实际上消除掉，所以保证了存放在基金组织的存款可以完全而且不断地兑换成为成员国所需要的任何

①　如果认为需要有更快的偿付率，进度为5%的特权，或者就像正文中说的那样应用于债务本身，或者应用于国家的黄金储备超过“正常”数量的那个部分，这里说的“正常”，要根据世界的储备关于世界进口额的比率来规定。选样的第二个标准，会使英国每年偿还的钱数不变，但会使美国每年偿还的债务在开始时提高到7.5亿美元左右。

通货。基金组织售出的通货，就记到通货被卖出的国家保证金账户的贷方。当成员国要求把存款中超过20%极小值的部分兑换成黄金时，基金组织也足可以用它所拥有的大量黄金(近50亿美元)来应付。[1] 此外，对基金组织负债的国家就享受不到这种绝对的兑换权利。在这种情况下，基金组织可以坚持要求这些国家将欠它的债务进行特别的摊提偿还，借以代替有可能危害它本身清偿能力的黄金偿还。考虑到基金组织在开始时持有大量的美元和英镑(超过50亿美元)，世界贸易和清算中不至于出现这两种主要通货的任何短缺现象，也有了进一步的保证。

基金组织吸收剩余的外汇储备

上面描述的做法会吸收并汇集很大一部分(约50亿美元)成员国的外汇储备，但仍然有用作储备的100亿美元的国家通货未得到清偿。为了在国际货币体系中彻底清除掉上面讲到过的荒谬现象与危险[2]，也应该把这些国家性通货储备兑换成国际性的基金组织存款，而且所有成员国也应该从今以后，除去作为周转余额保有少量活跃的贸易通货之外，只用黄金和基金组织存款作为它
112 们的储备。如果做到了这一点，上面估计为110亿美元的初始保证金债务，会增加到近210亿美元，其中持有的外汇将达到160亿美元。它的黄金储备从一开始就未曾触动过，大致为50亿美元，或者说比总债务的25%还稍少一些。这可能被认为太低、不安

① 极小的保证金要求自然会随着记入成员国账户之贷方的金额而增加20%，因为账户贷方金额的增加对应着该国总的货币储备的增加。

② 见本书第98—101页。

全，而基金组织就有可能陷于下述的困境：对某一个成员国的通货，存在着强大的需求，而这个成员国坚持将它的基金组织存款中任何超出20%保证金的部分全都兑现为黄金，基金组织却无法获得足够的黄金。

不过，发生这种危险的时间，要比人们可能想象得到的更为遥远。首先，只要涉及的是世界贸易和支付中的两个主要通货，它就不可能成为现实。基金组织在现时确实会持有90亿的美元和价值超过50亿美元的英镑[①]。对美元和英镑的强大的世界性需求，应该大部分用这一债务的特别摊提来满足，而不是用等量的黄金去结算这两个国家超出20%保证金要求的余额。

基金组织的黄金资源过量消耗殆尽的危险，只能来自其他的来源：

1.把现在由成员国持有的外汇结余先转账给基金组织，再将基金组织账户中的余额转换成黄金；或者

2.由美国和英国以外的其他国家，将基金组织余额由赤字账户国家转入剩余账户国家，结算出总的剩余，再进行类似的黄金兑换。

如果涉及的是英镑结余——对美元则不适用——可以避免第一种危险。办法是做出如下的规定：在国家性通货结余转换为基金组织结余的情况，如果这些国家通货的持有者在国家间过账时

① 外国的官方美元余额，在1958年底报导为86.65亿美元，而总的——官方与私人的——美国政府公债及证券则为9.83亿美元。非殖民地英镑余额估计为69亿美元。以1957年公私双方英镑余额的比率为基础，上面这个余额可分解为53亿美元的官方余额和15亿美元的私人余额。

不能据此向对方提出黄金要求，则转变为基金组织结余持有者的国家，也不能向基金组织提出兑换黄金的要求。这样的规定，一点也不损害持有这类基金组织结余的国家，它仍有权在国际清算中将这些结余兑换为实际需要的通货，也不损害一般地赋予基金组
113 织结余的兑换黄金的保证及其他特权。这一规定的意义在于，向基金组织索取黄金的权利，只给予超出下述和数的在基金组织的结余：该国总储备的20%再加上该国因交换不可兑换黄金的国家性通货结余而获得的基金组织结余。此外，这第二条限制还会随着这类结余的债务国——主要是英国——分期偿还它们对基金组织的债务而逐步消除掉。

使基金组织的黄金资产过分地消耗掉的唯一剩下的危险，来自美国、英国以外在国际往来中总计有盈余的国家要求将过账给它们的基金组织的保证金、存款兑换为黄金。不过，要请注意，在这样的过账中会让基金组织支付的黄金最多只占80%，因为总有20%会成为接受转账国家应该缴纳的极小保证金的增加数。其次，只要有必要，基金组织还可以行使它的特权，要求清算余额的债务国每年分期偿还，这样就可使基金组织每年增加10亿美元的黄金资源①。

所以，基金组织的黄金或通货短缺危险发生的时间，看来还极为遥远。特别是因为可以期望大多数国家在基金组织持有的保证

① 按上面第125页描述的方案，这一权利可应用于过户到基金组织的整个外汇储备(约为150亿美元)的5%，也就是7.5亿美元。不过，它也可以在计算出世界储备关于世界进口平均比率的基础上，应用于债务国的总储备超过那个平均比率部分的5%，这会在一开始增加美国的偿债率约3亿美元。

金存款，都会在数量上大大超过规定的极小值要求。使用方便且有收益的双重刺激，迄今一直促使美、英以外的其他国家，在它们的总储备中保留的外汇的比例，平均起来超过了一半而不仅仅是20%。[①] 在任何情况下它们都将保留若干不是黄金的周转结余，以免每当它们需要在市场上卖出或买进外国通货以稳定它们自己的汇率时，都要重复地销售或采购黄金。这类周转结余既可以是在基金组织内持有超出极小保证金的存款，也可以直接是在外汇市场上交易得很活跃的关键通货。这两种做法中的任何一种都会大大地减轻基金组织的黄金过分枯竭的危险。譬如说，仅相当于年进口值5%的周转结余就会吸引住50亿美元之多。 114

所以，总地说来，吸收并汇集所有未偿还的外汇储备——可能的例外是适量的周转结余——到基金组织的存款中去，看来是可行的，即使是在前面一直主张的20%极小保证金要求的基础上，也是如此。不过，为了保护基金组织的清偿能力，有必要做出一些规定，既要反对难以预见的将超出部分的存款兑换为黄金的要求，从长远来说，又要对付下述二者之间日益增大的缺口：一个是世界储备的黄金的水平，另一个是总的货币储备的符合需要的扩张。对付这两个问题，有三种不同的方法，它们既可以单独使用，也可以结合起来用。最简单的一种是由基金组织发行中期黄金证券，或以黄金或以额外的基金组织存款支付，并让证券享有高出基金组织流动存款的利率。这样的证券对持有高储备的国家特别有吸引力。第二种可能性是授权基金组织将保证金占总储备的比率统

① 见上面的表12。

一地由20%提到一个较高水平——譬如说是每个国家货币总储备的25%或30%。第三个办法是保持基本的20%要求——或者虽有增加但更适度——但是对成员国的储备中超过世界货币黄金关于世界进口平均比率的那一部分，可以规定较高的存款要求。

要把成员国强制性保证金义务从原来接受的水平增加到任何新的水平，正常的做法，需要通过基金组织一个特定多数的表决(2/3、3/4乃至4/5)。不过，如果一时之间达不到这样的多数，而在基金组织内部却在孕育着一场真正的黄金短缺危机，基金组织可以宣布这样一个“黄金短缺”，随即自动采用上面讨论过的第二个或第三个解决办法，一直到基金组织的黄金兑换承诺得到必要的保证为止。如果仍然难以达成在此情况下做出自动增加份额之规定的协议，还有一个满意程度稍差却仍然有效的办法。任何国家都有权拒绝增加它的保证金义务，但是有一个附加条件：行使这样一种权利，会使该国通货自动招致在现在的基金组织协定第Ⅶ
115 条中所说的“短缺”，从而承担这一条款所设想的后果。[①] 与现在规定的——在政治上无法应用的——程序不同，最后这个办法中的这样一种宣告，其实是把做出判断的责任从基金组织转移给了有关的国家。事实上，我们前面的讨论已经十分清楚地说明，至少在许多年之内，类似的紧急应变状态极少有发生的可能，而且在这一段时间内，对基金组织存款的信念应该已经树立得相当牢固，因而任何国家都不至于再要做这样的抉择。

① 见上文第16页。

基金组织的清算与放贷业务

正像前面已经指出了的[①]，防止基金组织放贷达到通货膨胀水平的主要保证措施，是对于任何12个月的阶段内基金组织贷款的净增加量规定一个总的限额。

这些贷款可分为两大类，在许多方面与一个国家中央银行的信贷业务类似：

1.预付贷款或再贴现，在告贷国家的主动下进行；

2.公开市场中的营运或投资，由基金组织主动进行。

基金组织可以沿用成立迄今12年中逐步建立起来的预付贷款的正常规章，无需做什么重大变动。贷款规章应该完全服从基金组织与成员国之间的正式协议，这种协议不仅涉及贷款的期限，也涉及成员国要遵循的经济与金融的大政方针，以保证它在国际交易中的长期均衡而不至于过度地求助于贸易与汇兑限制。此外，还可以用透支协议来补充近年提出的备用放贷技术。这种协议按一定时间间隔频繁地更新，并且保证全部成员国在有需要时都可得到基金组织迅速而自动的援助，当然也规定了这种援助的数量有限和要在短期内归还。这些透支协议的主要目的是在成员国提出正式中期贷款的申请或实施备用协议的申请时，有充分的考虑时间。这种透支也得到该国必须缴纳的极小保证金的担保。

新的放贷规章与现存规章之间唯一的基本差别，是我们所建
议的基金业务结构消除掉了现在协定的条款中一个最令人迷惑的  116

① 见第116—117页。

要求。第Ⅴ条第三款的小款(a)规定:“一个成员国有权在下述的条件下从基金组织中购买其他成员国的通货去交换它自己的通货:(i)希望购买该通货的成员国表明,它现在需要用那种通货进行的支付与协定的条款相一致。”①

这一点确实非常古怪而且至少引起了两个广泛的问题。首先,在可兑换黄金的条件下,要确认任何特定的通货为一个成员国所需要,那是十分困难的事。极大多数国际交易的清算,都通过私人在市场上卖出与购进外汇来进行,并不牵涉到成员国政府或它的货币当局。后者只有在如下的情况下才需要外汇:它们不得不从外汇市场上重新购进供应得过量的本国通货,以免它关于其他通货大大贬值。不过,即使在这时候可以推测它们倾向于主要去买卖广泛交易的通货,而且更宁愿卖出在当时索取最高市场价——指相关它们的外汇平价或官方汇率而言——的那些通货,它们也并不是为此目的需要任何特定的通货。

其次,也该注意到,基金组织的协定允许成员国购买外汇去交换它们自己的通货——也就是交换它们自己的 I. O. U.(借据)——却不能交换它们所拥有或获得的其他外汇。这实际上意味着基金组织永远也不能真正有效地完成协定中第Ⅰ条第(Ⅳ)款所规定的一个主要目的:“协助建立一个与成员间当前交易有关的多边支付体系……”。这是基金组织协定中的一个主要漏洞,也因此不得不在1950年成立了一个独立的组织,欧洲支付同盟,借以

① 此处的着重号是作者所加。——译者注

恢复欧洲各国以及与它们有联系的货币区域内的多边清算系统。[①]

这两种缺点，在本书建议的基金组织改革中都可以得到克服。117
把基金组织作为清算的票据交换所，可以防止中央银行间的双边清算。某一家中央银行得到的外汇结余可以存入它在基金组织的账户，并且将这一笔结余记入负债国账户的借方。反过来，一个成员国只要在自己账户的借方记上账，并在另一国账户的贷方记账，就可以买到另一方的通货。最后，基金组织发放给一个成员国的贷款，会记入它的基金组织存款账户的贷方，而这个成员国就可以从账户中提取无论是谁的通货，而不必再作任何的“理由陈述”，说什么它需要某种特定的通货进行支付。[②]

基金组织发放的第二大类贷款，是通过在成员国金融市场的投资实现的。很大一部分这类业务都出于基金组织的主动决策，但当然也总是与有关国家的货币当局有协议。这样的协议有必要保证这些投资在任何情况下都像基金组织的存款债务一样，不会有不可自由兑换的风险。

基金组织不得不进行这种性质的投资，首先是因为它吸收的

① 大多数主要的贸易国家恢复非境内居民的自由兑换，只要能维持下去，那也是实现多边支付的另一种办法。不过，仍然需要通过国际合作与协议以防止某些陷入困境的国家让不准自由兑换的旧病复发，也仍然需要帮助其他国家在它们的一个主要的贸易对手做出这种决策时坚持住。这也正是在去年年底取代欧洲支付同盟协定的欧洲货币协定的一个主要目的。在拙著《欧洲与货币泥沼》中对此重大问题做过进一步的讨论。尤其是在第 113—116，202 和 223—229 页。

② 这也会使上面第 17—18 页中提到的荒谬现象告一段落，在那种现象下，基金组织的贷款在极大多数情况下都由储备损失情况最严重的美国提供资金，至于那些储备正在增加的国家却很少甚至根本也不提供资金。

保证金中包含有成员国当作货币储备的未兑现的国家性通货。它们极大多数是美元和英镑，而且它们都受到上文列举过的特殊规定的约束，即不能使美国和英国的货币与金融市场产生不必要的扰乱。不过，由它们的逐步清偿获得的资源，却可以在对国际资本的需求比美国和英国大的其他市场上再次运用。有一部分这样的
118 投资甚至可以汇合进经济发展的长期投资中去，例如购买国际复兴开发银行的证券或具有类似性质的其他证券。

在确定基金组织投资模式时，首先要考虑的是需要保存成员国保证金存款完全的清偿能力。不过，应该注意到，基金组织在这方面的地位特别强大，因为它所要求缴纳的保证金——开始时约为 110 亿美元——实际上几乎不会下降，而且相反，随着世界储备的增加还会逐年增长。成员国因总储备在减少而抽走的保证金，会由总储备在增加的成员国增缴的保证金所补足，甚至还会补足而有余[①]。基金组织的清偿能力问题主要是成员国账户中超出保证金的部分是否可兑换为支付中所需通货的能力问题，而归根到底也是这部分存款在提出要求时能否兑现为黄金的问题。这个问

① 不过，也应该顺便提一下，所有国家的货币储备全都下降在理论上的可能性。曾经有过的唯一纪录是大萧条时期的第一年，那时世界储备在 1928 年到 1932 年间因为各国中央银行大规模地清偿它们的外汇资产而下降了 20 亿美元。上面这个建议的主要目的就为了防止黄金汇兑本位制再次出现类似的崩溃。整个世界的储备也可通过将官方储备大规模地出售给私人持有者而下降，这也是把至少有 40 年历史的货币趋势逆转。欧洲支付同盟协定的第 4 条(f)假定："每个缔约方将竭尽全力以保证它在其他缔约方通货方面的反常结余不会由中央银行以外的其他银行所持有，否则的话这部分结余就要排除在双方清算的剩余及亏欠之外。"应该在新的基金组织协定中也写上类似的条款，以防止有的国家为了规避要求它缴纳的保证金极小值，将国际储备过量地转移给私人银行。

题已在上面做过充分的讨论，无需再在这里赘言。

英格兰银行董事会的前顾问，基金组织在1951年—1953年间的英国执行副董事和1953年—1954年基金组织欧洲分部理事，马克斯韦尔·斯坦普先生关于基金组织放贷程序最近提出了许多其他有趣的建议①。斯坦普先生也赞成把国际货币基金组织的部分信贷通过国际复兴开发银行、国际金融公司甚至私人公司这些渠道进行投资。他也建议，在利用商业票据、国库券、税收等作为基金组织贷款的保证方面，要进行进一步的探究；而且赞成更 119
主动灵活地利用利率作为政策工具。斯坦普先生文章的其他内容，以及奥立佛·弗兰克爵士1958年向劳埃德银行股东的年度致词中的建议，极大部分已经重新组合在本次研究的建议之中，以前也已在《欧洲与货币泥沼》中列出过。

其他建议

关税与贸易总协定根据各国国际收支情况，准许国家间的区别对待，接受上面提出的基本改革，就消除了进行区别对待的基础。这应该成为美国支持这些建议的强大动力，因为长期以来美国一直是其他国家进行这种区别对待的主要目标。

如果这些改革能与连续不断的、全球性的、解除各种限制的双边互惠协议联合起来，它们还会成为一种新的动力，有助于逐步解除残剩的贸易、汇兑和关税限制。欧洲经济合作组织就是在欧洲

① 马克斯韦尔·斯坦普(Maxwell Samp)："基金组织及其未来"(The Fund and the Future)，载《劳埃德银行评论》(*Lloyds Bank Review*)，1958年10月，第1—20页。

支付同盟协定的基础上，在地区内成功地做到这些的。未来的由基金组织给予陷身困境中国家的信贷支援，应能激励成员国去接受并实施解除限制的承诺。然而，欧洲经济合作组织的经验也说明，只要成员国们认为援助不充分或者不足以对付它们的赤字，它们将会坚持保留实行例外条款的权利。像在欧洲经济合作组织内一样，应该对成员国在这种情况下遵行的总政策进行联合考查，以便为货币的整顿和稳定，也为全体成员国互惠地接受的各种解除限制措施的恢复，得出大家都同意的建议。理想的情况是，应该授权基金组织，譬如说在一年之后，如果认为求助于例外条款已经没有理由时，就不允许成员国继续这样做。这样的决定必定会使有关的国家自动获得让它的外汇汇率浮动的权利，只要它的总储备仍少于年进口量的某个比例，譬如说30%的话。

最后，对基金组织臃肿不方便的行政机构进行某些基本改革，已经再不能拖延下去了。应该做出巨大的努力，做到基金组织与其成员国的行政部门在一切层面上都保持有效的接触。让各国当时负责货币政策的人士，作为高层次的代表，定期地举行会议。这种会议要决定基金组织政策的总的路线及权限，在此权限内其常
120 驻代表或基金组织的管理当局可以做出决定。在形成这类改革中的更为具体的条款时，欧洲经济合作组织以及欧洲支付同盟的经验，应该成为极有价值的指南。

限于本书的篇幅，不可能对这些问题以及其他问题进行有成果的研究。[①] 达成协议的实际可能性只能通过国际谈判过程本身

---

① 见《欧洲与货币泥沼》，第109—138页和第294—301页。

来发现。这样一种谈判的结果，也肯定会在许多方面与上面列出的建议不同。很可能在广阔的世界规模上开始时证明为可行的最终协议，仍然从根本上缺乏此处建议的那种远大而果断的目的与方法，还只能在较小的国家集团内实现。这样的国家集团既有更密切的相互间的依存关系，也敏锐地意识到这种关系，而且更愿意相互信任对方的政策与承诺。所以我将在下面探讨：在怎样的方式下，在世界范围的层次上证明为可行的协议会得到性质上类似或更具雄心的区域性协议（特别是欧洲经济合作组织和欧洲经济共同体国家的协议）的支持和实施。不过这个讨论将要简短得多，因为它不过是将上面已经列出过的建议调整进一个更为明确的地理框架之中，而且我已在别处详细地展开过未来的欧洲货币合作与一体化可能采取何种形式的意见。①

① 特别参见“欧洲联邦的货币制度与政治”（Système et Politique Monétaires de l'Europe Fédérée），《国际经济》（*Economia Internazionale*）Vol，Ⅵ，No. 1，热那亚，1953；《欧洲支付体系的未来》1958 年 5 月，斯德哥尔摩，威克塞尔讲座；及“金属钱币与共同市场——国家政治与区域一体化”（La Monnaie et le Marché Commum—Politiques Nationales et Intégration Régionale），载《应用经济科学手册》（*Cahiers de l'Institut de Science Economique Appliquée*），No. 74，1958 年 12 月，巴黎。

121

第五章　欧洲经济合作组织内的区域货币合作

在欧洲支付同盟(EPU)的帮助下,它的成员国已由双边互惠主义转到自由兑换或接近自由兑换。去年12月的关于自由兑换体系的共同决策,雄辩地证明了这一杰出的成就。令人迷惑不解的是,正是这一成就敲响了EPU的丧钟。不过,欧洲经济合作组织的17个国家经过三年半时间的艰苦谈判才达成的欧洲货币协定(European Monetary Agreement)却是EPU等候了很久的奉献,那才是突然奏响的自由兑换体系的凯歌。

欧洲货币协定

欧洲货币协定(EMA)是一种富有想象力的尝试。想在追求自由兑换的时代,保留某些体现于EPU协定中的区域经济合作的要素。这要求对EPU的机构进行巨大而且被耽误了很久的重新调整。

首先,也是最重要的,中央银行之间的双边账户,已经早就不再是一个国家的借贷需要或放贷能力的有效而公认的标准了。EPU的所谓自动信贷体系,也因此而被抛弃,并且由酌情信贷的条款所取代,它的6亿美元资金则由欧洲基金会提供。

欧洲货币协定的第二个也是最错综复杂的部分,是对由EPU开始建立的多边清算系统进行完全彻底的检查。这个系统规定,

所有成员国在一个月中积累起来的关于其他成员国的债权与债
务，都要在月底进行完全而自动的抵偿，并将之合并为关于 EPU 122
本身的债务或债权，而这些债务或债权的清算则部分地通过 EPU 信贷账户，部分地通过黄金或美元的转移。在 EPU 的早期岁月里，欧洲的各中央银行就是在每个月月底把这个月中在双边支付协定下积累起来的清算金额，通知代理机构。这个做法避免了外汇市场上的所有私人交易。不过，在随后几年中，自由外汇市场又逐渐重新开张，而且在极大多数情况下多边套汇协议取代了双边支付协议。到 1958 年，每月通知给代理机构的余额中的极大部分，都是各中央银行在市场上进行稳定性干预的结果，而不是它们间直接账面交易的结果。欧洲货币协定明白无误地记录下了这一进化，与此同时，对于少数几个通货仍然在技术上不可自由兑换的国家，则留下了按双边互惠协定办事的余地。

EMA 给 EPU 的多边清算系统引进的关键性变化是，不再要求各中央银行把一个月中得到的清算余额全部逐月进行抵偿。它们可以根据自己的判断，或者将这些余额用于抵偿，或者保留它们作为货币储备。当然，这种类型的某种变化，在欧洲恢复自由兑换的条件下，已接近于不可避免。既然允许欧洲的中央银行保有可兑换的美元和其他非成员通货，就无法禁止它们保有可兑换的英镑和德国马克作为货币储备的组成部分。但是这又会回复到多通货黄金汇兑本位制，而且还带有非常现实的危险，危及未来的货币可兑换性及贸易自由化。现在也与 20 世纪 20 年代一样，实际上被中央银行用作外汇储备的关键通货的地位，会因为突然从一种通货转向另一种通货或黄金的变动而受到危害。此外，当某些国家陷入困境时，它们也会试图再次运用贸易让步的允诺或贸易限制的威胁，作为一种武器来诱使其他国家，或者积存它们的通货，或者将这些通货全花费在它们自己的通货区域之内。

在 EMA 内仍然保留的、EPU 对欧洲货币合作的主要贡献，
123 是关于短期和中期国际收支信贷的温和条款，其中尤其是用美元表示的汇率保证条款，它适用于成员国积累的由其他成员国的通货构成的一切外汇结余[①]。这点确实是 EMA 从理论上利用 EPU 协定建立多边清算机构主要的实际意义。每个国家必须通报它的通货用美元买进或卖出的汇率，这个汇率直到下一次通报之前一直有效，而且就要以这个汇率于每个月底去清算成员国所报告的双边债权或债务的净结余。这些汇率可由有关国家在任何时间调整，但是在调整汇率以前未偿还的债权与债务，却仍要以原来的汇率为基础进行清算。这实际上也是成员国要利用 EMA 机构进行清算的唯一理由，因为在所有其他情况下，EMA 进行运转的官方的买与卖的汇率，与有关通货在外汇市场上买与卖的汇率相比，对各成员国来说都没有好处[②]。

建立欧洲清算机构或储备基金会的建议

欧洲货币协定主要应该看成是有关欧洲未来货币组织的两种

① 除去已经提到过的欧洲基金会贷款外，成员国相互之间，在“临时融通”的名义下给予对方以当月归还的小额透支方便。

② 除去仍然按照双边支付协定办事的四个国家是例外，在 EMA 协定生效的第一个月（1959 年 1 月）并没有通过它进行清算的报道。净支付的总量只有 200 万美元，与此相比，EPU 运转的最后一个月达到 3 亿美元。

上面对欧洲货币协定的总结是高度浓缩和简化了的。详尽的评述，请参阅 OEEC 秘书长的官方文件及相伴的备忘录——由 OEEC 于 1955 年 8 月发表，以及我在《欧洲与货币泥沼》中的讨论，第 220—233 页及 280—284 页。

对立观点之间的妥协，它虽然有所偏重，仍属价值不可限量。它的许多缺点都打上了英国及其在大陆上的主要伙伴观点之间既往而非现时分歧的烙印。在1955年，英国对于建立英镑浮动汇率的想法，或至少把买进与卖出的汇率之间的界限大大增加的想法，完全不当回事。它在这一点上的主要反对者，也像在其他观点上一样，是瑞士。英国当局现在似乎是满足于汇率的稳定性和买、卖汇率之间的狭窄差价，而瑞士则已经在英国与欧洲经济共同体关于成立欧洲自由贸易区的分歧上变成英国的主要盟友。

考虑到成员国政策中这些基本变化，1955年的欧洲货币协定 124
如果不进行实质性的修正，就几乎难以在1958年12月施行。一系列预见不到的事件，使得重新谈判既没有时间也没有成功的希望。EPU协定中一个基本的、推迟了很久的修正，在自由贸易区的讨论得出结论之前一再拖延。当自由贸易区终于在12月解体时，再把EPU维持为当时存在的形式，就比以前更不合时宜。但是，根据1955年的协定，EPU的终结又自动使欧洲货币协定同时生效。法国突然决定重新调整其货币及汇兑体系，并使之稳定化，为1959年1月1日欧洲经济共同体第一轮的关税和贸易自由化做准备，就是最后一个有关的行动。

匆忙的时间表以及自由贸易区会谈的破裂造成的互相怀恨气氛，排除了在当时对EPU或EMA进行修订谈判的可能。然而，需要这样一种修订却是在莫德林委员会的一切讨论中都明确肯定了的。EPU的理事会接到过探究这一问题的指令，而且也已经向全体委员会递交了初步的报告。很少有人怀疑，或根本不会有人怀疑，如果欧洲经济共同体与欧洲经济合作组织的其他成员国之间的分歧能成功地消除掉，并且就 OEEC 的 17 个国家之间某种新的经济联合形式取得一致，则现在的 EMA 体系就需要进行实质性的修改。成员国们在贸易领域内相互之间承担的义务，会比 OEEC 自由化宪章中的更具雄心，而且还会在货币和支付领域内得到相应强有力的承诺与支持。

改革现在的欧洲货币协定的基本要点，与上文中提出的改革国际货币基金组织的建议，有密切的相似之处。不过，这个计划是区域性的而不是世界范围的，而且有可能在这样的框架内更容易、更迅速、更充分地达成协议和得到贯彻实施。

参与的国家会建立起一个票据交换所那样的清算机构，集中处理它们各自中央银行之间的一切支付。这些支付将通过每个中央银行在清算机构账户上的借方与贷方来实现。

125 首先，将各国持有的其他成员国通货的任何结余，强制性地转移到清算机构的账户上。这些通货结余可以是这个国家的中央银行从市场上买进的，也可以是另一个中央银行贷给它的。此外，还要记上转移的黄金，第三国的可兑换通货，或者甚至还可以记上清算机构根据各成员国当时的特殊需要而特别规定的其他通货。设计这两条中第一个的条款，既为了简化成员国之间的支付手续，也为了防止它们再倒退到公开的或隐蔽的两国贸易的互惠主义去。

当然，清算机构中的账户是完全可兑换的，而且可由其持有者自由提取，既可支付给成员国，也可支付给第三国。此外，它们还附有一个用一致同意的记账单位表示的汇兑保证。这个单位，也像在国际货币基金组织的情况一样，可以只是简单地用黄金来规定。一个没有那么严格，但总的来说更易为人接受的办法是恢复一种类似EPU会计单位的单位，亦即实际上相当于欧洲通货中在未来岁月里关于黄金最为稳定的任何一种通货来表示清算账户中的余额，它是一种汇兑保证①。

参与清算活动的国家，至少在开始时，会被要求在它们的清算账户上维持一个余额，相当于它们黄金与外汇总储备的，譬如说，10%或20%。用当前的储备水平作基础，如果采用的是10%的储备要求，这些余额的总数在今天可达到20亿美元。如此地置于清算机构处置下的资源，丝毫也不会受到欧洲内部国家间国际收支的不平衡的影响，因为某些国家总储备及保证金极小值的任何减 126
少，都会因为其他成员国储备及保证金的相应增加而正好抵消。只有在整个OEEC关于世界的其余部分有总的赤字时，清算机构的资源才会下降，而且即使在此情况下也只下降该赤字的10%。譬如说，必须要累计达到100亿美元的赤字，才会把开始时交由清算机构处置的基金减少一半。这样的形势发展是极不可能的，而且在任何情况下都会引起共同的政策调整，以使欧洲的货币及信

① 除非所有的成员国通货现时关于黄金的平价都朝着同一方向——升或降——调整，这样的一个条款就与黄金保证具有同样的效果。在这样的事件中应用直接的黄金条款，有可能会使清算机构内的债务人和债权人遇到不公正的横财或横祸。可以注意到，EMA取消EPU记账单位，对某些交易用黄金条款代替，对其他的交易用美元条款代替，在美国改变其黄金价格或黄金政策这种不大可能的事件万一发生时，就会产生严重而且无法解决的难题。称作“美国修改黄金价格与政策”的整个一条（第14条），就专门讲的这个问题，但条文要求人们在这种情况下对协定进行紧急和全面审议的要求，却只是一层薄薄的面纱，遮盖了在目前阶段对于万一真的需要处理这一形势时，各方面对于处理办法完全缺乏一致的真相。在协定中毫无必要地引进这样的复杂性和不肯定性，除非以下述的为基础，否则就难以解释，那就是英国担心EPU的记账单位会取得比英镑更大的特权，逐步取代了英镑在世界贸易和支付中作为关键通货的地位。

贷扩张的步伐与其他地区的协调，或者通过争取外部信贷的谈判，通过增加对非成员国贸易与支付限制的办法，既保存欧洲内部符合需要的扩张步伐，又反对外部通货紧缩的影响。

清算机构的资源，主要的是黄金或自由兑换的外汇，这样才能维护住成员国账户在世界范围的自由兑换。不过上面强调过的稳定性要素，会使清算机构也与任何银行一样，将它的资产中比例恰当的一部分，在 OEEC 区域内或区域外，进行短期或中期再投资，而不至于因此危及用它的保证金存款为各个持有者进行有效清偿的能力。

清算机构的放贷程序可遵循上面关于 IMF 列举过的相同的总的模式。不过，决定这类放贷总量的标准却会不同，而且不会具备自动的特点。提供成员国的援助的总量，要根据区域内现时通货膨胀或通货紧缩的压力来加以调整，还要根据整个集团的国际收支以及货币储备与外部世界的发展对比加以调整。当然，这并不能保证整个集团的政策会比其他国家的政策更明智，或者会比没有集团时各个成员国独立奉行的政策更明智。集团的政策与在世界上其他地方推行的政策相比，既可能更膨胀些或更紧缩些，也可能更少膨胀些或更少紧缩些；既可能更愚蠢也可能更聪明。集团所能做的政策选择，与没有集团时单个成员国的选择相比，只是
127 更广阔和自由一些而已。在进行选择时，肯定应该遵循的原则是，使区域内的贸易自由得以保存，并且加强它对世界上其余地区奉行自由主义政策的能力。不过，后一个结果不是集团单方面就能保证的，它一定要依靠集团与其他主要贸易国家之间政策上的充分协调以及相互间的金融支援。这样，重要的任务就移交给了诸

如关贸总协定(GATT)和国际货币基金组织(IMF)这样的世界性组织,尽管在这个层次上有效的成果与区域层次上已证明为可行的相比,要发展得更缓慢和更渐进。

也与IMF中的情况一样,清算机构采取行动的影响与手段,随着经验的积累、信心的建立、老习惯老传统惰性的克服,有可能以快速的步伐增长。尤其是它的保证金存款,在过了一段时间之后可能会大大超过原来规定的最低要求,甚至有可能使这样的规定不再必要。清算机构中的那些账户,既然附有如此独一无二的保证,对于成员国的银行确实会有极大的吸引力。它所提供的自由兑换及汇率保证,可以消除将货币储备投资于国家性的所谓"关键"通货所具有的不可避免的风险:单方面宣布停止兑换或汇率贬值的风险。此外,由于所有成员国都承担义务,把它们中任何一国亏欠其他国家的债务都通过清算机构支付,也实际上消除了拖欠倒账的风险。借款国拖欠的透支额,会自动地由任何其他成员国结转到它账户上的款项分期偿还。而且这样的程序并不依靠对借款国本身的良好信心,它依靠的是清算机构内所有其他成员国所承担的义务。

最后——但只有在上面建议的IMF改革已被采纳的条件下——清算机构甚至有可能吸引到一些非成员国中央银行的类似账户,这些国家的主要的支付关系在EPU区域。确实,非EPU国家的近40%的商品源自EPU地区,而对于美元区域以外的国家,这一比例还超出了50%。以英镑和欧洲其他通货之间的紧密联盟为基础的欧洲清算机构,会发展成为强大的货币中心,会取得相当于1914年以前的伦敦那样的国际地位,而今日的伦敦则已经太 128

弱，难以单独发挥这种作用了。可以期望非成员国会逐渐地将它们现时作为货币储备而持有的国家性通货的部分结余，转进清算机构的账户。假如这些结余原来是非成员国通货——亦即为美元——这样做的结果会加强清算机构的总的储备地位，从而进一步扩充它的放贷能力。假如这些结余原来是成员国的通货——实际上也就是英镑——就会有助于减轻这类结余总量的波动所产生的对债务国——实际上也就是英国——的影响，使之平滑化。这种波动中的极大部分，确实都与结余的持有者为一方，欧洲地区本身为另一方之间不平衡的清算有关，它既不会引起清算机构黄金与美元储备的枯竭，也不会使它的其他资产发生变化，而仅仅是英国作为一方，其他成员国作为另一方，在它们之间进行债权与债务的重新分配而已。虽说这类运动按同一方向持续不断的话，显然会在有关成员国之间最终发生现金清算的要求，它们中的很大一部分却可以由清算机构恰当地缓解掉。如果没有这个机构，它们施加于这些国家之政策的令人生厌的压力就无法避免，也不可能消弭。

所以，欧洲清算机构的不容忽视的贡献，在于保持了国际清偿能力，减少了因为采用国家性通货作为国际货币储备所具有的危险。不过，它又不能像改革过的国际货币基金组织所能做到的那样，充分而有效地解决世界范围的问题。所以，本章所提出的建议，不应该看成是可以持久地替代前一章中讨论过的 IMF 改革。另一方面，也不应该把全球性的 IMF 办法看成是可以替代一切的东西，以为它会使欧洲清算机构成为多余和无用的。首先，令人充分满意的 IMF 系统的建立和实施，很可能需要多少年的谈判与试行。其次，世界性货币清算系统的管理，尤其是从它的运行中获得的巨额基金的投资，都会遇到行政管理方面和政治方面的巨大障碍，这类障碍最好是用国际货币基金组织决策过程的某种分权化办法去克服。最后，欧洲各国之间经济和政治上的高度相互依存性①，以及它们之间既往合作的经验，很有可能在它们之间推行更 129
深入的贸易自由化、信贷的承诺及政策的协调，而这些事项想在世界范围这个层次上达成协议和贯彻施行却要比想象得到的更难得多。

不过，一项欧洲清算协定的实际可行性，在现阶段却又与欧洲经济合作组织重新在欧洲自由贸易区或欧洲联合问题上达成协议，紧密地联结在一起。在这方面，不同观点之间持续的冲突还继续存在着，从而使最终会有什么结果成为高度不肯定的事。法国贸易保护主义者的反对意见，对过去之达不成协议，确实起了相当大的影响，但如果法国去年 12 月开始进行，迄今为止已取得相当成功的货币与汇兑调整，得到肯定与巩固，这类反对意见就会逐渐减少。法兰西民族主义在今天的复苏，以及普鲁士民族主义在明日可能的复苏，也会削弱欧洲经济共同体六个国家政治统一的目标，并且与其他来源的反对意见汇合，转向范围更广泛但更松散的欧洲经济联合。在海峡的另一侧，有影响的人士的议论却已经在赞成英国作为完全的成员加入今天这样的欧洲经济共同体。

不过，这些倾向中还没有哪一种已经明显得可以根据它轻易

① 欧洲经济合作组织各国总出口的约 3/4 都在组织内各国及它们的海外货币区内消费。

地预言未来的发展。欧洲经济共同体之所以存在，不仅仅依靠罗马条约所提供的措施、机构、制度，而且也依靠欧共体内外的个人及企业已经采取的无数决策，他们和它们已经根据它所开辟的新的地平线调整了各自的经济活动和投资计划。既得利益将日益与政治理想相结合，任何想要淡化六国向着经济一体化及联邦式统一进程的企图，都会受到抵制。

对这些两难处境的最现实也最有建设性的解决办法，看来似乎是并行不悖地推行两组目标。在欧洲经济合作组织的 17 个国家中，合作与自由化能达到什么程度，就应全力以赴地争取达到这个程度，但是不能允许它发展成为实现欧洲经济共同体之目标的
130 阻力，亦即不能成为紧密一体化这个现实目标的阻力。如果我们认识到在这方面可以给相互迭盖的区域性集团规定互补的——而非互竞的——角色，我们的合法的经济制度逐步与国际经济中相互依存性的事实相适应的过程，有可能向前推进得更加容易和成功。[①] 共同体的六个国家已经表明，它们准备接受经济合作组织的 17 个国家还难以接受的更紧密的一体化，与这一点完全一样，17 国可以接受相互间更广泛更牢固的义务，却不会愿意通过 GATT 或 IMF 将这种承诺普遍地延伸到整个世界。

接下来的有关欧洲经济共同体六个国家货币一体化的讨论，就是以上述的思路为标准的。在现阶段还无法预言，欧共体的机构制度与未来欧洲经济联合体的机构制度之间的确切分界线。这

① 我已在《欧洲与货币泥沼》的最后两章里更充分地讨论过这些重大的政策问题。

条分界线在任何情况下都应该随着一体化政策在未来的成功，随着这种成功促使 OEEC 的 17 个国家也像共同体的六个国家一样，接受更紧密的义务约束并放弃主权的程度而起伏变化。

131 第六章　欧洲经济共同体的货币一体化

欧共体采纳上述的改革国际货币基金组织和欧洲货币协定的建议，会得益匪浅：既有了稳定的货币框架，也便于它对欧洲的其余部分和欧洲以外的世界奉行自由主义的政策。然而在形成共同体未来的货币政策及制度时，还必须考虑许多专属于它的因素。

首先，成员国已经在商业义务上达成协议而且已经详细写进了罗马条约，条约中与这些义务一起，还有许多其他条款，全都旨在使整个共同体内有协调的竞争条件。

其次，这些义务与更广阔的框架——例如 GATT 或 IMF，甚至 OEEC——中可能达成的相比，要更强烈和严格。为了保证成员国的内部政策相互协调，保持国际收支中的长期均衡，且不去求助于罗马条约禁止的贸易与汇兑限制，将有必要在货币与金融领域里承担更强的义务。

第三，如果已经被共同体六国接受了的一体化措施取得了成功，鼓舞它们进一步朝着政治和经济一体化前进，则共同体货币制度的进一步进化，从长远看也有可能被提上日程。在共同体发展的早期阶段要采用的制度框架，应该有充分的灵活性，使得这样的进化更加方便而不是受到阻碍。另一方面，罗马条约已经委派给共同体当局的任务庞大而艰巨，使它在随后几年中要集中全部注

意力和精力。最基本的审慎与明智将会提醒它，不要在签约国之 132
间目前还不存在取得一致的坚实基础时，提出任何尚不成熟、牵扯到遥远未来的问题，例如假想中的希望和蓝图等等，这样做不但于事无补，反而会招致分裂。

下面列出的建议就应该按照这个思路来阅读。其中一部分可能直接有关而且可以应用，其余的则只能在下述条件下才能协商和实施，即如果目标与方法都并非野心勃勃的一体化经历了一个持久而成功的试验期，那么促使这六个国家有意在货币管理方面将各自分散的政治和行政权限与责任将逐渐进一步地联合起来。

由市场纪律管辖的货币一体化

经济一体化的支持者和反对者一般都同意，真正一体化的先决条件是成员国都要实质性地放弃国家主权。虽说毋庸置疑，这样的看法也反映了对于一个国家的政治当局实际可做的政治选择，存在着一种完全误导的解释。国家主权总是受到严格的限制，那是经济责任的结果，并且与一体化的法律协定或国际承诺毫不相干。与现在要讨论的问题特别有关的经济责任之一，是一个国家在外部交易中保持收支平衡的不可规避的责任。往来账户中的逆差赤字必须用资本的输入来平衡，而往来账户中的顺差剩余则要靠资本的输出，不管这个国家推行的是什么政策。

所以赤字国家的当局就必须在下述的备选方案中抉择。首先，它们可以用减少这个国家原先积累起来的国际资产的办法筹措资金；这个办法只能在下述范围内使用，即还有这样的资产存在，而在资产属于私人的情况下，国家当局需能有效地控制或影响对它们的清理。另一种方法，它们也可以通过输入外国资本的方

法来弥补赤字，但也只能在外国放贷者愿意贷款，而它们又愿意接受贷款所附带的金融与政治条件的范围之内进行。当期赤字的最
133 大数额就不可避免地受到这些可行的资本输入与资本清理的最大数额的限制。

超出这个范围，国家当局就无法不把赤字限制于可获得的财源之内。在不存在任何国际义务的情况下，它们可以采用的办法有三种。第一种是按下述方式修改它们的国际货币政策（按这个词的最广泛接受的意义），即调整这个国家在物品与劳务上的总需求，使之等于它的生产能力与入超量之和，而入超的数量又保证能用上列手段筹措到所需的资金。如果这时内部成本与海外成本的关系处于打击出口积极性、刺激过量进口的状态，上述的做法就难以在就业与经济活动的高水平上恢复外部的均衡。在这种情况下，想要重新调整这种成本上的不一致，所能采用的办法，或者是降低内部的成本因素——特别是工资——或者是，而且可能性也更大些的是降低汇率。不过，至少也有可能暂时地避免走这条路，办法或者是出口津贴、增加进口关税或者是在贸易和汇兑上规定数量性限制。

国际协定常常会包含一些牺牲主权的条款，有限制使用津贴、关税及其他办法方面的，也可能有重新调整汇率方面的。另一方面，这类协定也向这个国家保证，不至于因贸易伙伴采用类似办法而使它的经济受到震撼。这类协定还可以扩大从外部获得融资的规模，这或是因为协定提供了官方信贷，协定中包含有互助的义务，或仅仅是因为己方不限制汇兑、不贬值的保证刺激了私有资本的输入。所以主权在一体化协定中的有限的牺牲，有可能因为协定对国家出口市场的保护，因为吸引了额外的资本，弥补了往来账

户上暂时而且台乎需要的赤字，总之因为协定提供的种种机会而得到补偿，甚至补偿而有余。

就内部政策的重新调整来说，这一点就更加真实。为了履行国家关于贸易自由化和汇率稳定性的义务，有关的政策调整，在任何情况下都是经济上符合需要，而从长远看几乎是不可避免的。贸易与汇兑限制，以及甚至是降低汇率，对于任何国家都受其约束的经济规律来说，无论它所合法地承担的国际义务是什么，只提供
了一时性的逃避。可以利用贸易限制将一个国家的进口水平调整 134
到与它的出口收益相当，但是持续不息的通货膨胀政策会对这个国家的内部价格与生产成本产生影响，结果就会把出口减少为涓涓细流。到某个时刻，为了使出口水平恢复到足以进口最根本的必需品，降低汇率的贬值会变得不可避免。但若是不能成功地调整持续不断的内部通货膨胀政策，它所引起的内部价格上涨及对外通货贬值，仍然会不可避免地导致整个货币的崩溃。[①]

罗马条约明白无误地规定了贸易与汇兑的义务。这样做的一个主要效果，就是加速了那种不可避免之影响的产生，那是市场纪律最终无论如何总会施加于赤字国家之政策的。在成员国中间逐步消灭关税、贸易、支付方面的限制，对非成员国则采用共同、统一的商业政策，这些将使得赤字国家再也不能利用限制作为平衡其

① 我忍不住要在这里引用雅克·德瓦尔一出喜剧中的几句话，“自以为逃脱命运安排的人，不过是被拴在一根更长的绳子上……待到这根绳子的尽头，自觉自愿做的仍不过是命运安排好的事”。对于国际条约一直“强制”各国及时接受的政策，它们总是到最后“自觉自愿”地采纳了。

外部交易的手段①。重新调整汇率这一条措施并未全部排除，而且有时甚至可以由执行委员会建议这样做，以克服一个国家国际收支及竞争地位中根深蒂固的失调。然而，频繁地求助于汇率贬值以抵消持续不断的通货膨胀政策的影响，显然不能与罗马条约的目标相容，而且会导致竞争情况中的频繁的——即使是暂时的——扭曲，从而不能为该国的贸易伙伴所接受。每个成员国都有义务“将有关汇率的政策作为事关共同利益的事来对待”（第107条）并且“在推行高水平就业及稳定的物价政策的同时，也要推行能保证其总的国际收支平衡，能维持其通货信誉的经济政策”（第104条）。

135 所以条约的这些条款的最终结果，是加速并加强传统的市场力量对逆差赤字国家在重新调整其内部政策方面的影响。不过，有顺差剩余的国家却并不受到类似的市场压力与金融限制的约束。它们总可以用限制黄金作用的所谓“中立”或“消毒”政策，抵消它们的顺差所产生的内部膨胀性效应。它们的这种选择，再加上拒绝用资本输出为它们的顺差融通资金，就把重新调整内部政策的全部负担都推给逆差赤字国家，而这些调整却是恢复国际收支中的均衡所必要的。对金本位的这种“紧缩性偏置”一向总是被凯恩斯学派的经济学家们强调得过甚其辞，现在由压力集团施加于许多国家之货币与财政政策的“膨胀性偏置”反其道而行之的程度，确实似乎有过之而无不及了。不过，仍然存在这样的事实，如

① 虽然例外条款允许一国在一定情况下单方面求助于紧急措施，共同体的执行委员会通过达到规定多数的表决，无需有关国家的同意，可以修改、搁置或解除这些措施。

果把成员国内部政策的协调工作——它**隐含**有要求对罗马条约中有关限制及汇率的明白无误的条款加以监视的意思——全都拱手让给市场纪律去处置，这种纪律就只能强制施行一种由更膨胀的国家对较少膨胀国家，或较少紧缩国家对更紧缩国家的向落后看齐的联合。在这种情况下，经济共同体总的扩充步伐就会不可避免地由扩充得最少的国家制定。罗马条约关于彻底自由化的义务，在没有有关互助及政策协调的补充条款的情况下无法为人接受也达不成协议的真正理由，也在于此。

政府间合作和政策协调

罗马条约要求，成员国在开始接受并在其后实施自由化的义务的同时，还要在相互间承担一个平行的义务，它们要协调国家的政策，做到在经济活动及就业的高水平及物价稳定的条件下，保持住成员国的国际收支从长远讲的均衡。这是条约的根本宗旨，它在条约的不同条款中闪耀，但它的具体意义一般还有待于欧洲经济共同体的组织机构以特定的方式制订出来。

第 105 条要求成员国“为了在成员国行政部门合格的服务之间以及在它们中央银行之间制定、实行一种协力合作关系……为
了促进成员国在货币事务上政策的协调，达到使共同市场发挥作 136
用所必要的程度，特此建立肩负下述任务、具有顾问地位的货币委员会：

——使成员国及共同体的货币与金融形势，还有成员国的总的支付系统，都处于审慎的考察之中，并定期向理事会及执行委员会报告；并且

——应理事会或执行委员会的请求或出于它的主动向上述组织递交意见书”。

货币委员会的权威及成效会因其组成而大大加强，实际上要由每个参加国财政部及中央银行的高级官员来组成。

条约的第108条建立了一套程序，当一个成员国国际收支方面现实的或前景中的困难有可能危害条约的功能时，就需照此办理。执行委员会在这种情况下必须毫不迟误地审查该国的形势，以及它所采取的行动。“它将向有关国家指出它建议的措施。如果成员国采取的行动及执行委员会建议的措施不足以克服已经遭遇或正在逼近的困难，委员会在咨询过货币委员会后，还将向理事会建议给予特殊的援助及适宜的方法……理事会要根据特定多数的表决结果采取行动。它将给予互助性援助；它将发出指令及决定，规定有关的条件及详细情况……”

最后，如果所有这些措施都还不够挽回危局，“执行委员会将授权陷于困境的成员国采取保护措施，而委员会则将决定采取这类措施的条件及详细情况”。第109条授权成员国“临时地”采取这类措施，如果突然发生了危机，或者如果不能立即做出互助性援助之决定的话。[①] 不过，在这两种情况下，理事会都可利用特定多数制的表决，强制有关成员国“改正、暂停或放弃上面提到的保护性措施”。

① 不过，成员国的这样一种独立行动，在它与非成员国贸易的过渡阶段结束之后，就再也不能采取了。

可以合理地期望，这些会议及咨询会在成员国内部政策的必 137
要协调上，及时地施加日益增长的影响。不过，它们在这方面所发表的观点及建议又一点儿也不是强制性的。所以国家政策的多样性可以在一定范围内保持，超过了这个范围，市场力量本身就会迫使国际收支陷入赤字的国家重新调整它们的政策，因为货币储备的枯竭或接近枯竭使它们不可能进一步为国际收支的逆差提供资金。互助性信贷可以推迟这个算总账的日子，但是这样的信贷只能“由其他成员国在它们同意的条件下”给予。于是就会出现这样的情况，大家都一致认识到提供互助性财政支援是符合需要而且紧迫的，却因为在提供这种资金最适宜的来源上达不成协议而遭到不适当的迟误甚至搁置。这种情形极有可能诱使有关成员国去求助本来不必去求助的例外条款，并且对所有成员国都造成损害。

仅仅从这一观点出发，更有效地事先计划好互助性援助的资金来源，就似乎是高度符合需要的了。这样做也可能使共同体关于协调政策的建议更有分量；也是一种方便条件，便于成员国逐步接受事先已取得协议的预设的标准；对于在货币与金融政策的广大领域内限制国家独立行动的范围、实现最小限度的协调要求，也都有好处。这样一种事先的协调显然要比事后的协调更好，因为事后的协调是在可观的破坏已经造成，成员国的国际收支出现尖锐危机的压力下采取的。

下面列出的建议就针对这两个问题。不过它们也提出了一些微妙而棘手的问题，如果对这些问题不进行持续的研究与思考就无法达成协议。所幸的是，强有力的储备及国际收支地位已是所

有共同体国家的特征，使它们有了充裕的进行这种思考的时间。① 在未来还将有必要达成进一步的协议，它们要与共同体在商业政
138 策领域内已经相互承担的广泛义务一起，协调共同体的货币制度及国际支付机构，这一点是毋庸置疑的。

欧洲共同体储备基金会

前面为欧洲清算机构或储备基金会列出的计划，会特别符合欧洲共同体的需要。向欧洲共同体储备基金会缴纳最低标准的保证金，既可使互助性信贷援助有了最方便和最合理的资金来源，又不会以任何方式危及提供贷款国家的清偿需要。

如果只以此为基础计算保证金的最低标准，则相当于货币总储备的 10%的规定便可授予共同体以大约 12 亿美元的启动基金，对于未来相当长一段时间内任何想象得到的需要来说，这都是很充裕的。不过，从一开始就预见到这一比率要逐步增加，虽不是根本性的，却也很有用。这有两方面的理由。首先是为了与本书前面几章里探讨的改革过的国际货币基金组织或欧洲清算机构建立起融洽高效的关系。理想的情况应该是，共同体作为单一的一个单位而不是分散的单个国家的集合体参加这两个机构。共同体成员国的国际信贷需要，应该正常地由共同体自己来处理并提供资金，而不是与国际货币基金会组织或欧洲清算机构打交道。仅

---

①　根据《国际金融统计》的报导，这六个国家的货币储备已经从 1950 年的 33 亿美元增加为 1957 年的 100 亿美元和 1958 年的 127 亿美元。它们持有的黄金和美元仅 1958 年就从 88 亿增至 108 亿，即增加了 20 亿美元。六国合在一起与世界上其余地区的往来账户上的顺差，在既往的六年中都无例外地每年达到 6 亿至 20 亿美元。

当共同体储备基金会缺少非成员通货，或者非共同体国家缺少共同体通货，而且仅当这些不平衡只要提供资金即可合法地缓解，而不是——或不是同时要求——有关的国家纠正其政策时，才需要与国际货币基金组织或欧洲清算机构打交道。

这样的组织机构，既分散了包含在有关谈判中的复杂性，同时又在共同体手中保持了必要的杠杆，可推动其成员的货币、金融与经济政策朝着所希望的方向协调。缴纳给改革过的国际货币基金组织或欧洲清算机构的保证金应该由共同体储备基金会本身而不是由每个成员国个别支付。不过，在此情况下，共同体储备基金会收缴的保证金最低标准，将不得不增加得超过上面提到的比例，这 139
样才供得起国际货币基金组织或欧洲清算机构所要求的保证金。

这样一种基金会制度，就其本身而言，并不一定会在货币领域内向着超国家机制迈出引人注目的新步子。它的运作方法与上面建议的 OEEC 清算机构也适用的方法基本上一致，只有一条例外，那就是罗马条约已经规定的，要通过理事会内特定多数的表决才给予互助性援助。

然而让基金会按如下的方式来组织，以便于货币领域内的权力与责任在以后逐步地由国家机构转移给共同体的机构，却是符合理想与需要的。

货币委员会经过初始几年的运作，会积累起早期检测和调整成员国经济中过量膨胀或过量紧缩倾向的经验，可以就诸如预设标准或危险信号得到明确的定义，据此共同体就有理由进行更强有力的干预，更迅速地提出必要的纠正措施，以便在事先防止而不是在事后救治成员国国际收支中可预见的危机。假如这类危机经常反复发生的话，确实会令人怀疑罗马条约到底能否经受住它的压力。

采用的标准可以根据如下的许多要素的变化幅度及持续程度：就业的、经济活动的、银行信贷的、政府债务的、货币供应的、价格的、货币储备的等。在开始时它们可能仅仅是自动地让共同体的咨询机构进行一次特殊的仔细考察，调查有关成员国所推行的政策，以及这个国家或共同体或双方需要采取的行动。随着时间的流逝，更紧密的一体化可能制度化，即把类似的标准当作独立国家决策的最大限度。例如，国家的中央银行可对其内部总的信贷资产的增长率，或对这类资产中被认为特别易于滥用的那几种的增长率，同意某个预设的年最大限度。超过这一最大限度的交易，就要由执行委员会或理事会根据货币委员会的建议，专门批准。

到此为止所讨论的条款，都涉及对国家的“膨胀性”政策进行
140 向下的协调。对于国家奉行的“紧缩性”政策，也应该设法建立类似的保护；这类政策对于其他成员国的国际收支会产生不利影响，而且也不必要地放慢了它们自己的扩充速率。对于成员国货币储备中超过事先同意过的“正常”储备标准的那一部分，储备基金会可以提高它应缴纳的最小量保证金的比例。而超标准收缴的保证金则可以用作为投资中期或长期证券的资金。在这类情况下，还可做出规定，为鼓励符合需要的信用扩张而降低贴现率或利率。如果同时发生了超出常规的高储备水平以及预算结余的增加，就可认为已有充分的理由可以对有关成员国发出指示，要求它或者降低税收，或者增加开支等。

这两个问题——即“膨胀性”及“紧缩性”国家政策的控制——

不可避免地列出了一个问题：要规定政策的协调化达到怎样的水平才符合需要，对照着这个水平就可以指明和测定那些“不合标准”的发展。成员国中在这方面可能发生意见分歧，进行仲裁的根据应该是整个共同体关于世界其余地区国际收支的发展情况。

欧共体近年来巨大的国际收支盈余以及储备积累，应该已有可能恢复相对来说较快的扩充步伐，同时还可推行自由化的对外贸易政策，以及向不发达国家输出大量的资本，特别是向欧洲的以及与共同体有联系的货币区内的不发达国家输出大量的资本。

不过，也应该探讨相反的形势。或者是因为海外各地奉行限制政策，或者是因为共同体的金融扩张率快于世界上其余地区，有可能在以后的某一时期会出现与世界其余地区之间的国际收支赤字。发生这种情况时，就有必要由成员国联合做出决策，以便加强它们在国际谈判中的地位，谈判的目的，或者是扭转海外的那种趋势，或者是为暂时性的赤字取得缓解性的资金融通。如果这样的努力宣告失败，而共同体被迫做出抉择：或者是放慢它自己的扩张率，或者是修改它的通货的汇兑比价，或者是收紧对非成员国的联合关税，进行贸易与汇兑限制，等等，在这种情况下，共同体各国的联合决策就更有必要。

为了最终就共同体的平均扩张步伐及货币政策做出决定，为 141
了对共同体的处于困境中之成员国给予互助性援助的能力及意愿施加影响，这些都是必须有的考虑。出于这样的考虑，也有可能在各成员国之上逐步建立起一种更加有效的机构，以采用并实施这类联合决策，其有效的程度固然不是现在所能想象的，而且也会超过最近的未来所可能有的。对于实现货币政策的更充分的一体化

来说，有了这样的一体化才可能形成一个在内部没有关税壁垒，而对外部又有统一的商业政策作指导的单一贸易区。

货币统一？

将成员国的国家通货最后融合为单一的共同体通货这样一件事，在目前阶段只能看成是高度假设性的，而且在任何情况下也只能作为一体化过程的终极步骤来加以探讨。必须强调这件事的值得一试及其困难，都是政策性而非经济的。确实，从经济上讲，完全融合为一体的通货与各参预国的国家通货之间可自由兑换且汇率稳定的系统，二者极少差异。在两种情况下，国家政策所受到的约束与限制事实上是全同的。如果真的要说区别，那就是完全统一的货币所受到的约束与限制反而没有那么紧，因为在需要为暂时性的不均衡融通资金时，它能激发出的缓解性的资本运动流会更大些。其原因又返过来回到这两个系统之间的一个主要差异。国家对汇率稳定性的承诺，总会受到国家当局的审查，并在后一阶段被撤销。即使是国际性的协议，也会经协商而修改，或由陷入困境国家单方面地破坏。另一方面，通货融合为一后，实际上就几乎不可废除和无法逆转。正是这种不可逆转性，使人强烈地反对在时机不成熟时将各国通货融合为一。把重新调整汇率的大门过早完全彻底地关死，可能不是明智之举。最好是先等罗马条约中关于贸易自由化义务的影响已经被吸收，先让经验来证明，在共同体
142 的整片土地上内部货币与金融政策的协调是可行而且成功的，然后再这么做。

我们已经在上面讨论了大多数制度性改革，它们在任何情况

下都应该能够逐渐地实现并且巩固共同体内部货币与金融政策的协调，而不论是否迈出走向统一货币的最后一步。这最后一步本身，如果不是在不成熟情况下贸然行事的话，并不会引起任何大的困难。为了过渡得平滑，可以采取三种类型的措施。

第一，是在共同体境内对一切国际的甚至国内的资本交易都授权，甚至鼓励使用欧洲货币单位。[①] 这会有助于资本市场重新获得活力，这种市场在今天则仍因慑于汇率不稳定而陷于瘫痪或受到挫伤。

第二步是所有成员国都采用在价值上与欧洲货币单位相等的新的基本货币。在这个阶段，每种货币仍保持为公开的实体，由本国的中央银行发行并回收清偿。不过，由于所有六种通货现在在价值上都相当，它们就很容易在共同体全境内按票面价值流通，而且会在发行国国界外的支付中被接受。由收到外币的贸易商上缴给所在国中央银行的票据，会由发行银行回收、偿还。这样的清算可以马上通过两个中央银行在共同体储备基金会清算账户内借方、贷方的账目实现。这种在国家间流通的特权与旧时拉丁联盟的十分相似。这个联盟在第一次世界大战前的许多年间，对金属价值已大大偏离其名义价值的银币在国家间的流通提出过担保。[②] 在

---

① 见前文第 143 页及脚注。

② 这个历史先例，会让人采用 1/5 美元的黄金含量作为国家货币单位——以及欧洲货币单位——的价值。这就会保留大多数欧洲大陆通货对美元的传统关系。这种传统关系是以著名的“初期”法郎为基础的，而且在整个 19 世纪都维持住了。如果欧共体六国通货的相互汇率最终在现在水平上稳定下来，而这一点在现在看来是有可能的，则这里所建议的新单位实际上可兑换一个新的“重”法国法郎，10 个比利时和卢森堡法郎，125 个意大利里拉，0.84 个德国马克和 0.75 个荷兰盾。

此以后，汇率的任何调整都不可避免地会剥夺有关通货享有在国
143 家间流通的特权。这就构成了对调整汇率的有力威慑，而且加强了共同体六国经济政策的一个重要目标——汇率稳定化——的地位。

统一货币的最后一个阶段就只需将各个中央银行的未偿还资产及债务从名义上转移给联合的欧洲货币当局。如果我们在前面提到过的各种制度方面的先决条件都已经具备，这样的转移就无需在共同体的各中央银行结构中发生任何根本的变动。欧洲货币当局可以在分散经营的基础上组织起来，仍保留现在各个中央银行的独立存在，作为该系统的营运机构，就好像美国的 12 个联邦储备银行实际上在行使联邦储备系统的所有职能一样。每个国家性中央银行会继续在协商一致的法定界限内负责它自己的货币及信贷作业，并接受欧洲货币当局总的监督管理，在必须采用的法定规则中可能会包括如下的内容：设定一个国家信贷的极限；规定最小的储备率；以及其他的管理技术，它们可以借鉴共同体内及海外中央银行现在的立法，也可以借鉴欧洲共同体储备基金会及货币委员会的经验。

整个共同体要维持适量的黄金与外汇的储备水平，这一负担的公平分配可能会要求每个国家银行都遵守有关这类储备的某些最起码的政策规定。这些规定可以在一开始时通过有关以稳定化为目的、带利息的初始贷款的谈判来实现，这种贷款或为中期，或为长期，由低储备国家向海外或共同体内高储备国家告贷。以后发生的储备不足则或者由共同体储备基金会的特殊贷款或投资来解决，或者在公开的市场上在参预的银行间以经过核准的证券进

行交易。

读者会注意到,如果统一货币的制度性先决条件已经事先具备的话,这样一种改革的许多实质性内容,早已由货币委员会和共同体储备基金会实施了。这就肯定了上面已经说过的观点,即统一货币的真正意义,政治性远胜于经济性。在这样一个洋洋大观 144
的决策成为符合需要或有可能之前,应该先提出来的基本问题有:

1)把这样一个朝着统一货币的不可逆转的步骤作为一个政治目标来接受,而这个政治目的惹人注目地宣告并巩固了六国将国家经济主权合并为一体的意愿;

2)对此目标的可行性已经有了很充分的信心,这种信心以各国政策在事实上协调的长期经验为基础,它的成功,已经由成员国充分遵守自由化的义务并且由它们维持通货之间稳定汇率的事实所显示;

3)包含在这种事实上协调之内的“对事不对人”的市场纪律已经制度化,这种制度化是通过成员国中一致同意的行政规则及程序,特别是经过那些由银行系统将内部信贷货币化的行政规则及程序,而实现的。

所以必须把统一货币设想成为六国一体化政策功德圆满时的最后一步。它应能引导并鼓舞这些政策,但若是在时机成熟之前就这样做,就会包含有遭受挫折的巨大风险,并对它的巩固及最终成功带来致命打击。

145 概括与结论

1.1958年12月的欧洲自由兑换决策，标志着国际货币迈出了重要的一步，是在漫长的路程上从过去十年的混乱朝着新的国际货币秩序迈出的一步。不过，就这些决策的本性而言，不过是让世界回到了20世纪20年代后期各国自行规定黄金汇兑本位制的无组织状态。这样一种体系的彻底不合理性，它所依靠的少数几种“关键通货”要向不利方向发展的极端脆弱性，早已被当时所有的经济学家异口同声地指责过，而且这种指责的先见之明也很快就由几年以后即1931年黄金汇兑本位制的崩溃所灾难性地证实了。

在这个体系内，黄金供应的数量不足，就用国家性质的关键通货作为国际的储备并日益积累来补充。这种积累会不可避免地集中于主要债权国的“最安全的”通货，结果就成为这些债权国的“无报酬的”资本输入。本应把资金贷出去的那些国家，就这样不知不觉地从其他国家处借到了短期资金。依靠这样的资本运动，并不能解除黄金的短缺，而仅仅是伪装成了有关的关键通货的短缺。为了对世界清偿能力所需要的扩充做出贡献，它们必须激励关键通货国家进行额外、匹配的资本输出，或者在往来账户紧缩其顺差盈余。不过，无论是哪一种反应，都只能是使它们的净储备地位持续而且日甚一日地退化，而不会有其他结果，直到它们的通货看来不再是其他国家储备投资的“最安全”通货，其结果就是积累关键通货作为世界储备的进程会放缓、中止甚至逆转，根本性的黄金短缺问题走上前台显露其面目，而与此同时，体系中的核心国家则不得不对国际收支进行困难重重的再调整。它们所能做的抉择，只能是内部的通货紧缩、通货贬值或贸易和汇兑限制几种。这些做
法还会从核心国家向世界其他地区扩散，而且还可能因资本的投 146
机性运动而进一步恶化，最后陷入类似于1931年金融恐慌或/和回复到双边互惠制去。

近年来美国国际收支的恶化，外汇市场上美元的持续疲软，1958年的黄金大量流失，在美国政府及国会中贸易保护主义势力的重新抬头，全都适用这一分析。应该在危机降临之前好好留意这些预示未来灾难的不祥之兆。

2.外汇储备在国际货币基金组织庇护下国际化的做法，按照上文的申述，是这一问题的最逻辑的解决办法。国际化会便于基金组织调整放贷业务，使它顺应扩张中的世界经济合法的清偿要求，也有助于世界货币体系的稳定化，免除了现时几个关键通货国家改变本国货币管理政策的影响。我们提出了具体的建议，以保护这样一种国际性的黄金汇兑本位制，使它可以防止膨胀性偏向，约翰·梅纳德·凯恩斯在15年前提出的大部分类似的建议，就是因为存在这种偏向而被拒绝的。

3.国际货币自由兑换体系的是否切实可行而且充满活力，在未来也跟在过去一样，既依赖于有充裕的缓解资本，也可以为暂时的不均衡提供资金，还可依赖于各国在国内都接受并实施的金融政策，其相互协调的程度是否足以保持每个国家总的国际收支从长远讲的均衡。外汇储备的国际化有助于提供这种资金融通，而且给予国际货币基金组织必要的杠杆，促进这样的协调。

4.把自由兑换规定为政策的目标并无意义，除非是把自由兑换看成是一种相对的概念，它的最高目标是要成员国在一切形式的贸易与支付限制方面甚至汇率方面，完全放弃国家主权。它要求人们在今天只赞同19世纪的自由放任政策，而不关心国家的就业与经济活动水平，所以这样的放弃主权，是完全无法想象的。想在自由兑换这种消极的义务上达成协议并得到贯彻实施，必须同时就经济一体化这种积极的义务达成协议并贯彻施行。国家性政
147 策工具不能抛弃。它们只能交换成为国际性或超国家性的政策工具，使它们更适合于在现代世界中为经济政策的更广泛的目标服务。

5.完全的一体化所遇到的政治上、行政上及心理上的障碍，决定了要用灵活的态度对待自由兑换问题。应该尽可能充分地把握住每一个能达成、行得通而且切实协议的机会，无论协议是世界范围的，还是在区域层次的。后一种形式之一体化的潜在可能性，已经由战后欧洲经济合作组织内的成功合作，由近时建立的欧洲经济共同体的成就、建立欧洲自由经济区或欧洲联盟的持续努力，以及由世界上其他地区进行区域一体化的类似提议，①令人信服地证实。这种类型的更为紧密的区域性协定，对于全球范围可能达成的较松散的协议，是一种有用的补充和支持，而且为参与国在有

---

① 这样的一体化协定在西欧以外的可行性，如何调整其目的与方法以适应各不相同的经济情况，这样的问题不能在本书内讨论。读者可从我的文章“世界贸易与支付中的拉丁美洲（Latin America in World Trade and Payment）”（重印于《美洲中央银行技术专家第五届会议文献》（*Proceeding of the Fifth Meeting of Technicians of Central Banks of the American Continent*），波哥大，哥伦比亚，1957年）中找到关于这一问题的介绍性说明。

利条件下从事经济主权的完全联合铺平道路。前面的最后两章总结了现时的欧洲货币协定的主要特点,而且建议:必须将它强化和巩固成为欧洲清算机构或储备基金会,以便为欧洲经济联盟以及欧洲经济共同体这样深入的经济义务提供可用的货币与支付框架。这样的储备基金会在共同体的背景下可以逐步进化为联邦式货币当局,并为六个国家通货的合并为一种通货提供制度机构。

149 附言　未结束故事的新发展

151 一、官方的与其他各界的最初反应

本书第一版的附录，以相当篇幅引述了它以论文形式在意大利《国民劳动银行季刊》1957 年 3 月和 6 月两期发表后“官方的与其他各界的最初反应”。

现扼要转述于下：

1. 伦纳德·西尔克在《商业周刊》上总结了国际经济协会 1959 年 9 月于埃尔辛诺(Elsinore)举行会议时一群经济学家和中央银行行长的反映：

> 特里芬的警告：前途真正的危险不是通货膨胀，而是因清偿危机而引发的通货紧缩遇到了心情复杂的对待。在会外，某些经济学家声称坚决支持他的观点。其余的——尤其是银行家——则显得更加小心翼翼，声称不可能在现阶段对他的诊断及解决办法做出判断。但全都保证要仔细研究这一问题。
>
> 无论如何也不存在对特里芬警告的嘲弄倾向。他是一位声望极高的经济学家和货币学家。他创立了欧洲支付同盟，

> 而且在使之通过谈判成为现实方面，比任何其他人都出了更大的力。

2. 在英国，专门负责研究货币体系运作的拉德克利夫委员会，一致同意将下述的提议作为一项长期的目标："将国际货币基金组织所遵循的路线，由原来英国（在凯恩斯计划下）所提议的，转变为国际的中央银行，有它自己的记账单位，独立接受存款债务或向成员国的中央银行提供透支方便。"

另一方面，委员会却相当冷淡地对待如下的建议：将未偿还的国家通货——主要是英镑和美元——形式的储备，强制性地转换成基金组织的保证金存款。"这种类型的安排，要求有国际间的协议，会极其难以谈判成功，在我们看来对英镑也不会有重大而直接
的帮助；确实，它倒有可能迫使英国比必要的速度更快地偿还外部 152
债务。"①

3. 在欧洲大陆上，琼·蒙内特的旨在为欧洲联邦张目的行动委员会，于 1959 年 11 月一致通过了一项联合声明，它的最后一节特别赞同上面第 154—158 页中提出的建议：

> 争取欧洲联邦行动委员会吁请六国的财政部长理事会在他们今后会议的议程上包括欧洲金融政策中的如下问题，并作为紧急事项加以审议，按照委员会的意见，这些问题有极大的重要性……

---

① 货币体系运行委员会，《报告》（伦敦，女王文书局，1957 年），第 247—248 页。

……

——建立欧洲储备基金会，至少将六国的部分货币储备集中起来，而在需要时便能使罗马条约中提出的互助程序付诸实施，从而保卫我们各国的通货。

既令人迷惑不解但又使人感到鼓舞的是，对此声明最为热心的反响来自英国。伦敦出版的《经济学家》在 1959 年 12 月 12 日评论(第 1083—1084 页)说：

蒙内特先生的委员会在上个月的会议提出的见解都与过去的类似……但所通过的决议中有一节却不同凡响……

这样的计划若能实现，它的价值是无需怀疑的。为了使一个共同的政策真正有效而且具有扩张的效果，一个经济联盟需要这样的手段。在 11 月 21 日的《经济学家》第 702 页的一篇文章指出，欧洲资本向不发达世界输出的任何大量的增加，都会要求世界清偿能力进行大的扩充。在过去，国际货币基金组织一直都缺乏实现如此巨大而长期的资源转移的政治权威。这里至少有了部分的答案——以欧洲为基础，在具有政治性强制手段的体系中强化清偿能力的体制。

153 作为局外者，英国会把这样的计划看成是对英镑地位的一种竞争性威胁。当然，如果英国是在这个体制内部，英镑一定会得益良多。但是这种体制之所以能成功，就因为它汇集了较多的各国主权，而这却是英国迄今还不打算拱手让出的。

4.1959 年 10 月 9 日，我应参议员保罗·H.道格拉斯之邀，在国会的联合经济委员会上陈述了自己的观点。在我作证之后于 10 月 28 日进行的辩论，在我看来，强烈地表明了国会在国际货币改革上勇于接纳向前看建议的程度，远远大于谨小慎微的行政官员们的一般的想法。进行改革中包含的真正的困难，更多地来自我们的政治领袖进行领导时的迟疑不决，而不是因为国会及政治观点拒绝这样的领导。

在取得了他的委员会的一致同意之后，参议员道格拉斯将我的证词及听证会的副本转送给以下的个人及单位：总统、财政部长、联邦储备银行董事会主席，国际货币基金组织执行董事，以下诸委员会的主席：参众两院银行与通货委员会、参院财政委员会及对外关系委员会，众院对外事务委员会以及赋税委员会。

他致总统的说明信如下：

尊敬的总统先生：

联合经济委员会竭诚希望引起阁下注意由耶鲁大学教授，罗伯特·特里芬在星期三下午听证会上提出的极其有趣且鼓舞人心的建议。特里芬教授是国际货币问题的举世闻名的权威，他建议修正国际货币基金组织或创建一个新的组织，替代现有的。如果取得成功，为国际金融交易中维持清偿储备的美国及其他国家的问题，就可以得到解决。当然，委员会
没有考虑特里芬教授建议的机会，而且作为委员会也不准备 154
认可他的建议。不过，我们深信，他的建议极有价值和创见，值得有关的官员进行最严肃与深入的研究。

> 考虑到这些事实，委员会特地向您转致特里芬先生的证词及当天听证会的副本，供您考虑，而且也希望您加以评论。
>
> 您的忠诚的
>
> 保罗·H.道格拉斯
>
> 委员会主席

5.不过，任期届满的行政当局自然不会在最后几个月里处理这样的问题。在当时我并没有参议员接获什么答复的消息，但完全可以猜想得到，答复不外是规避性的或彻头彻尾否定性的。[①]

在书中留下一页空白，在我看来这似乎是向读者表明行政当局对我的诊断及建议的全部态度的最适宜的方式了。这是令人万分遗憾的。

155 二、1960年9月国际货币基金组织的会议

1960年9月末，国际货币基金组织在华盛顿召开年会，财政部长安德森及另外几个发言人提到了近时“发挥国际金融体系职能的讨论”，也提到了“在这个体系内可进行之变革的建议”，但仅得出结论说：

> 国际金融体系一直在持续有效地发挥着作用，为贸易融

① 1960年12月8日出版的文件《联合经济委员会关于当前经济形势及短期前景的听证会》(华盛顿，1961年，第171页及以后)，证实了我的这个猜想。

> 通资金，在种类日多的自由兑换通货间提供短期资金的越来越多的运动……这种正在形成的自由兑换，连同商业银行系统在国际领域里重新获得的活力以及国际货币基金组织资源的加强，都对国际金融体系灵活而平稳的运行做出了贡献。……我们并未面对任何紧迫的需要，不必要去考虑整个体系的或国际货币基金组织的变革。

不过，并不是所有的人都持这种麻木不仁的乐观态度，英国的财政大臣尤其不一样。他吁请与会者注意国际支付形势中"不平静"的特点，而且怀疑。

> 国际货币基金组织的营运方法。处于短期困难中的成员国倾向于只从基金组织提取有限几种通货，收支不平衡的危险是否会因这些营运而加剧恶化呢？从基金组织提存的既往历史表明，在很大程度上都集中于美元。……在储备通货上不恰当的专注会在未来产生不幸的后果。① ……我敢肯定这一问题对基金组织来说不是新的，但我认为现在值得对它做进一步的研究，以便我们能不是在迫在眉睫的形势下思考，而是出于审慎、未雨绸缪地把它看成是只有在未来的某一天才 156
> 会成为现实的问题加以考虑。我们乐于在这样的研究中合作，并准备提出若干实际的建议。

① 请与我在第 18 页还有在第 132—133 页就同一问题做的说明比较。

菲律宾中央银行总裁库德诺更直率地引用了我表示忧虑的话:“自由兑换的新的试验……面对着的两种同样的威胁,曾使大约30年前类似的试验覆没。”并且还表达他的信念说:“国际货币基金组织的当局应该仔细研究特里芬博士的警告:在世界货币储备中可能出现危机,并且研究他为防止危机的发生而提出的各种建议。”

157 三、伦敦黄金市场风云突变

参加国际货币基金组织会议的代表刚回到家,弥漫于会场中的官方乐观气氛,就被伦敦市场上黄金价格的突然发作所粉碎了。本来从未超过每盎司35.15美元的金价,10月20日这一周初也只有35.24美元,到那天突然直线上涨,虽然为时短暂,但突破了一盎司40美元的大关,后来就在一盎司38美元处盘桓,也就是说,超过黄金的美元官平价8%—9%。

美国财政部发言人的评论,可说是由这个事件引起的最奇特的反应。美联社当晚引述了他的原话:“我们正密切注视。我们感到奇怪,到底发生了什么……”

自然,在到底发生的事中,有苏联原来对西方大量销售黄金的突然中止。它进一步恶化了市场所感到的压力,迫使英格兰银行为维持市场秩序,进行规模日益增大的干预。不过,我们财政部中有的人,却似乎仍然死抱住似是而非的观点,认为私人投机商付出的金价无关大局,稀缺的黄金储备应该完全留在货币当局手中而不是分散在民间。报刊的电讯指出,在国际货币基金组织九月会议期间可能是这些人非官方地引起了人们的疑虑:英格兰银行在自由市场上出售的黄金是否符合允许各国中央银行购买美国财政部黄金的“合法的货币目的”。

英格兰银行的一位董事匆匆赶到华盛顿设法驱散这些疑虑,但如此愚蠢的行为造成的伤害却无法迅速平复。黄金的短缺已经将新的投机者吸引到市场,其中包括许多从未想到过要购买黄金的美国人。英格兰银行大量抛售美国黄金,使金价在随后几周内回落,但仍不能使它回到平价的程度。轻微然而连续的黄金对美元的升值,一直在1961年延续,而且活跃的投机不肯定性也一直在美元-黄金比价的未来发展过程中保持。

美国的黄金流失量,从1960年第一季度的5,000万美元跃升 158
为第二季度的9,400万美元,第三季度的6.38亿美元,而且——尽管国际货币基金组织还有3亿美元的黄金贷款——第四季度仍达到9.58亿美元;也就是达到了每年近40亿美元的水平——若把国际货币基金组织的贷款也算在内,更使年值超过50亿美元。

四、美国国际收支的演变 159

一阵慌乱横扫华盛顿官场。许多旨在减少海外军费开支的措施匆匆出台,可怜的安德森先生急忙赶赴德国,徒劳地乞求德国人为美国驻扎在他们土地上的军队付钱。

这种迟误了的关切至少说明,原来基于无知的自鸣得意已经终结。在过去十年中,我们一直是以这种心情眼看着国际收支的总账持续出现赤字,而且眼看着它在1958年,1959年和1960年爆发为30亿美元到40亿美元的赤字。然而，他们采用的措施却反映了完全不值得如此的恐慌情绪。在极大多数这类措施中，他们几乎全都无例外地专注于问题的已经快要解决的方面，但是他们又不能认识到美国及自由世界的其余部分在1960年最后几个月中真正面临的威胁。

表20显示了在1958年和1959年间美国往来账户结余的令人吃惊的退化情形：从1952年—1957年的平均盈余21亿美元，到1959年的9亿美元赤字。表20还显示这一趋势已在1960年明显地扭转过来。1959年的逆差赤字已由创纪录的顺差盈余所代替，按1960年头九个月计算，年盈余达24亿美元，按第三季度计算，年盈余为34亿美元。这样的盈余足可以为接近纪录水平的每年25亿至30亿美元的政府资本输出和经济援助提供资金。我们的顺差无疑有一部分得益于不怎么稳定的助长因素：大批量地出售棉花与喷气飞机的机会，尤其是欧洲与日本两个出口目标市场的繁荣与国内刚开始之衰退的巧合。然而，在这么短的时间内能有30亿到40亿美元的改进，确实令人鼓舞，而欧洲在生产及出口有了洋洋大观的增长之后终于进行工资与开支的迟缓了的向上调整，也极有可能在世界市场上进一步改善我们的竞争地位。

真正的困难在别处。那就是私人资本——美国的与外国的——从美国输出的激增。所有称作流动美元的结余在国际收支账户中都记入“清算”而不是“资本输出”。这种外流已经从1959年的8亿美元提高到1960年第三季度的超过45亿美元的年值。这样就有一个超纪录“总”赤字年值(41亿美元)与接近纪录的往来账户中的年盈余(34亿美元)并存。

表 20　美国的国际收支,1952 年—1960 年 160

(年值,按季调整,单位:10 亿美元)

类别	年份					从 1959 年到	
	1952—57	1958	1959	1960 前九个月	1960 第三季度	1960 年前九个月	1960 年第三季度
(1)往来账户	+2.1	+1.5	-0.9	+2.4	+3.4	+3.3	+4.3
(2)美政府援助、资本输出(一)	-2.2	-2.6	-2.0	-2.6	-3.0	-0.6	-1.0
(3)小计(1+2)	-0.1	-1.1	-2.9	-0.2	+0.5	+2.7	+3.4
(4)其他美国与外国资本	-1.0	-2.4	-0.8	-3.0	-4.6	-2.2	-3.8
(5)总计(3+4)=黄金美元结算	-1.1	-3.5	-3.8	-3.2	-4.1	+0.6	-0.3

注释:

1. 在(1)中估计的往来账户包括美国海外军事开支,私人汇款、退休金、其他。

2. 1959 年的(2)与(5)剔除了美国对国际货币基金组织的认缴金额。

3. (4)包括“错误与遗漏”。国际收支的资本项目中的恶化情况,总结于本项。但未包括因私人美元结余出售给官方持有者而造成的恶化,它在 1960 年第三季度开始,并在以后几个月达到顶峰。

4. 相加时的微小差异是四舍五入的结果。

资料来源:《当代商业调查》,1960 年 12 月。

这种外流极大多数反映的是短期资金的运动,它主要受各大金融中心利率差异的影响,也受汇率未来走向的投机性谣言的影响。德国即使在国际收支有巨大盈余时仍维持高利率,也影响了欧洲其他地区特别是伦敦的利率。这种情况与美国的低利率恰成对照——国内经济活动衰退,又面对着国际收支中的巨大赤字。161 大家都知道,当年黄金汇兑本位制的疲软要为这个体制 1931 年的垮台负责。现在,在为这一制度的恢复于 1958 年 12 月欢呼万岁之后不过两年,却又再次出现疲软了。

黄金汇兑本位制的运行主要依靠关键通货的支持。由后者传递给前者的脆弱性,在今天已经因为过去十年中外国人手中积累的大量美元结余而更为明显。它们已由 1949 年的 82 亿美元跃为

1960 年的 237 亿美元。特别使人不安的是这样的事实，从 6 月份以后私人持有的美元结余已经停止增加。其后，美元结余的增长正全由外国的中央银行——而它们也显得越来越勉强——和国际货币基金组织所吸收(见表 21)。1960 年第四季度私人银行的美元结余甚至还减少了 6 亿美元。

表 21　美国的国际清偿地位

(单位:10 亿美元)

年　　底	1938	1949	1952	1957	1958	1959	1960			
							6 月	9 月	10 月	12 月
Ⅰ　总资产	15.2	28.1	27.1	27.8	25.9	26.3	26.3	26.0	25.9	25.5
1.黄金	14.6	24.6	23.3	22.9	20.6	19.5	19.4	18.7	18.4	17.8
2.外汇	0.6	0.8	1.0	2.2	2.5	2.6	2.8	3.1	3.3	3.6
3.IMF 份额	—	2.8	2.8	2.8	2.8	4.1	4.1	4.1	4.1	4.1
Ⅱ　总债务	2.2	8.2	11.7	16.6	17.6	21.6	22.8	23.8	23.5	23.7
1.外国的	2.2	6.4	9.9	14.9	15.6	17.7	18.7	19.1	19.2	18.8
a.官方		3.1	4.9	7.9	8.7	9.1	9.6	10.1	10.3	10.4
b.银行		2.9 (b、c 合计)	2.4	3.5	3.5	4.7	5.3	5.3	5.2	4.7
c.其他			1.7	2.2	2.4	2.4	2.3	2.2	2.3	2.3
d.公债与票据		0.4	0.9	1.2	1.0	1.5	1.6	1.5	1.4	1.4
2.国际的	—	1.8	1.9	1.7	2.0	3.8	4.1	4.2	4.4	4.8
Ⅲ　净资产										
1.I—II	13.0	19.9	15.3	11.2	8.2	4.7	3.5	2.6	2.3	1.8
2.I,1－II,1	12.4	18.2	13.4	8.0	5.0	1.8	0.7	－0.4	－0.8	－1.0

资料来源：根据《联邦储备公报》的数据与估计进行计算。

162　我们不会陷入资不抵债，无力偿还的危险。我们在海外长期的及私人资产——特别是直接投资——的增长，远远超出我们净储备地位的恶化。但无可否认的是，后者确实指出了美国清偿地位正持续而危险地疲软下去(见表 21，行Ⅲ，1 与 2)。

五、衰微的黄金汇兑本位制 163

关键货币的脆弱性影响黄金汇兑本位制，黄金汇兑本位制的脆弱性又反过来影响它所依赖之关键货币的命运。二者的相互依赖程度及其增长情况，可以从表 22，表 23 尤其是表 24 测知。[①]

表 22　世界货币黄金及美元的持有量，1949 年—1960 年

（单位：10 亿美元）

类别	期末					期间变化	
	1949	1952	1957	1959	1960.9	1949—1960.9	1957—1960.9
Ⅰ　货币黄金	34.7	35.8	38.8	40.2	40.7	+6.0	+1.9
A　国际机构	1.5	1.7	1.2	2.4	2.6	+1.1	+1.4
B　美国	24.6	23.3	22.9	19.5	18.7	-5.8	-4.1
C　其他地区	8.6	10.9	14.8	18.3	19.4	+10.8	+4.6
Ⅱ　外国持有的美元	8.2	11.7	16.6	21.6	23.4	+15.2	+6.8
A　国际机构	1.8	1.9	1.7	3.8	4.2	+2.4	+2.5
B　其他地区	6.4	9.9	14.9	17.7	19.1	+12.7	+4.3
Ⅲ　总计							
总共（Ⅰ+Ⅱ）	42.9	47.6	55.4	61.7	64.1	+21.2	+8.6
净（=Ⅰ）	34.7	35.8	38.8	40.2	40.7	+6.0	+1.9
A　国际机构（ⅠA+ⅡA）	3.3	3.5	2.9	6.2	6.8	+3.5	+3.9
B　美国（ⅠB-Ⅱ）	16.3	11.5	6.3	-2.0	-4.7	-21.0	-10.9
C　其他地区（ⅠC+ⅡB）	15.0	20.8	29.6	36.0	38.5	+23.5	+8.9

资料来源：根据《联邦储备公报》的数据及估计数计算。请注意近年来货币黄金增加量的大部分得自苏联向西方出售的黄金，而不是得自西方近年的生产。

① 这些表相互之间以及与本书其他表之间某些估计数的微小分歧，是因为国际货币基金组织及联邦储备局对手中的黄金与储备的统计进行着不断的修正。例如，对英镑结余的估计数就直到最近才能得到。在储备统计数字的报告中还逐步在增添一些新的国家，另一方面又要从原先的估计数中剔除掉以免重复计算国际清算银行（BIS）的黄金外汇持有量及各国在 BIS 的保证金。

164 表 23　世界货币储备，1913 年—1959 年

类别	1913	1928	1933	1938	1949	1959
Ⅰ　占世界进口量的百分比						
A. 世界	37	45	110	118	79	56
1. 黄金	35	34	101	111	58	38
2. 外汇	2	11	9	8	21	18
B. 美、英两国以外的世界	35	44	93	62	48	48
1. 黄金	32	29	81	51	21	23
2. 外汇	3	16	12	11	27	24
a)美元	1	3	1	3	7	12
b)英镑与其他	3	13	11	8	20	12
Ⅱ　占总储备的百分比						
A. 世界	100	100	100	100	100	100
1. 黄金	94	77	92	94	74	67
2. 外汇	6	23	8	6	26	33
B. 美、英两国以外的世界	100	100	100	100	100	100
1. 黄金	91	64	87	83	43	49
2. 外汇	9	36	13	17	57	51
a)美元	2	7	1	5	15	25
b)英镑与其他	7	29	12	12	42	26

资料来源：这些估计数得自联邦储备局及国际货币基金组织出版物。它们完全不包括东方集团，而且 1938 年以前的数值误差较大。储备数字中包括了 1913 年和 1928 年流通的金币，IMF 黄金（但不包括地方性通货资产）以及国际清算银行、欧洲支付同盟和欧洲货币基金会的储备。

表 24　世界储备增加的来源,1914 年—1959 年

（占总增加量的百分比）

类别	1914—59	1914—28	1929—33	1934—38	1939—49	1950—59	1958—59
Ⅰ.世界							
A.货币黄金	66	68	131	80	47	43	91
1.生产	43	38	12	90	46	34	59
2.回收金币	6	30	10	—	—	—	—
3.美元贬值	15	—	109	—	—	—	—
4.苏联出售	2	—	—	-1	1	9	32
B.外汇	34	32	-31	11	53	57	9
1.美元	17	6	-7	5	13	50	70
2.英镑与其他	17	26	-24	5	41	7	-60
Ⅱ.美国以外地区							
A.美国的交易						65	92
1.美国黄金流失						29	67
2.官方美元余额增加						36	24
B.其他来源						35	8
1.外国黄金						30	26
a)生产						24	17
b)苏联出售						6	9
2.其他交易						5	-18
a)官方英镑结余							-2
b)其他储备结余							-16

资料来源:见表 23。储备之划分为黄金与外汇——特别是异于英镑及美元的储备结余,在 1959 年数据中扭曲现象,因为从储备的计算中排除了 EPU 的结余,它因 EPU 协定在 1959 年到期而合并到一起。

从 1949 年年底到 1960 年 9 月期间，外国和国际机构持有的黄金和外汇——政府的及私人的——增加了 270 亿美元，其中只有 60 亿美元来自新生产的黄金和苏联在西方市场上销售的黄金。
165 增加量中的极大多数来自美国自己黄金的流失(58 亿美元)和海外短期债务的增加(152 亿美元)。[①] 在美国的净储备地位这样持续疲软——即使速率在减缓——的情况下，谁还能想象将美元作为关键通货由其他国家当储备而蓄积起来的局面，会长期维持下去呢?

表 23 和表 24 分析了世界储备的结构，包括官方的英镑和美元结余，但把私人持有的这些通货排除在外。

表 23 强调的事实有:

1. 自从 1933 年以来储备金额，尤其是黄金，对进口量之比率的降低(见 Ⅰ A，Ⅰ A1，Ⅰ B，和 Ⅰ B1 诸行)。虽然其中有些比率仍高于 1913 年或 1928 年，却绝不应该忘记，由 1931 年世界货币体系的崩溃戏剧性地予以肯定的，正是 1928 年前后对如下后果所表现出来的普遍的忧虑:过度依赖于无组织的、国家化的黄金汇兑本位制来缓解黄金的短缺。

2. 在关键通货以外的国家，它们的储备结构从 1913 年的 91%黄金、9%外汇，惊人地转变为 1959 年的 49%黄金和 51%外汇。固然，在 1949 年外汇储备在总数中的相对份额还要高些，但英镑——它在当时占各国持有之外汇中的大多数——在当时及以后的许多年内都是不可兑换的通货。

---

① 见表 22 中第ⅡA，C，Ⅰ，ⅠB 和Ⅱ诸行中倒数第二列的数据。

表 24 更能说明问题。它清楚地说明了，在一个扩张着的世界经济里，为现在的世界货币体系供应储备的来源（特别是见第 1 及第 6 列）完全是变幻莫测、杂乱无章的。

1.西方的黄金产量（第Ⅰ A1 行）在过去半个世纪中还不到世界储备增加量的一半，而在最近十年中甚至只有 1/3。即使是这样的供应来源还有可能在明天遭受严重的扰乱，因为在主要产金国南非存在着爆发种族战争的危险。

2.将金币从流通中回收以及 1933 年的美元贬值，是 20 世纪 20 年代和 20 世纪 30 年代储备增加的主要原因（见第Ⅰ A2 及 3 行）。当然，这两个来源中的第一个，可以实际上看成是枯竭了的，而仍想求助于第二个来源，则纯粹是愚蠢行为，其理由已在本书的第 88—91 页做过充分说明。

3.苏联出售黄金给西方（第Ⅰ A4 行）是近年来储备增加的主 166

要来源。这个来源在近几个月的突然中断，对 1960 年 10 月伦敦的黄金危机肯定起了一部分作用。是否有人希望把调节西方货币黄金供应的重要角色，永远拱手让给赫鲁晓夫先生的心血来潮或政策呢？

4.美国欠外国中央银行短期债务的持续增长，在过去十年的 167
世界储备增长中占了一半，而在 1958 年—1959 年中更高达 70%（第Ⅰ行 B1 条）。世界上美国以外地区的储备一直依靠美国的黄金流入和对外国中央银行及国际机构短期债务的增加——其程度，在过去十年间占 2/3，在 1958 年—1959 年间达到 92%（第Ⅱ A 行）。这一过程不可能是无限止地持续下去的理由，现在任何人都能一目了然。在扩张着的世界经济中，准确的储备增长量该是多少，尽可以有不同的观点；但面对整个 20 世纪 50 年代中为储备提供 2/3 增加量之来源的日趋枯竭，对这样事件的长远影响，谁又能若无其事，无动于衷？

168 六、行动的前景

这就是我在过去一年中反复申述的议论，不但对学术界和政府里的专家讲，也对普通的听众讲，目的在于促成一项对已经陈腐的国际货币体系进行迟误了许久的改革。而且这个体系自从第一次世界大战期间老的金本位制崩溃以来，一直只是在很少且间歇的情况下发挥过作用。

惰性的势力以及对陌生形势的恐惧远没有消失掉。然而在最近几个月里对这个问题发生极大兴趣的信号却成倍地增加着。

在拉丁美洲。1960 年 11 月在危地马拉举行的美洲中央银行第六次技术专家会议上，全体拉美代表的反应十分令人鼓舞。有几位发言者敦促他们的同侪研究这一问题，并且就此情况说服各自的政府，以便在未来的讨论及国际协商中提出联合行动并获得全体拉美国家的支持。对这样的意见，他们中无人表示异议。

出席会议的中美洲代表一致赞同我的建议，仿照本书第 158—162 页上列出的欧洲共同体储备基金会的模式，创建中美洲支付同盟。两周以后中美洲各国财政部长在成立中美洲经济一体化银行的协定中专门插入了以此为目的的条款。

在欧洲。欧洲的中央银行家们开始时持怀疑态度，而且有可能有人直到现在仍然如此。不过，去年夏天我主持的两次会议——法国和比利时政治经济学协会[①]——却相当令人注意。在1960年12月末访问欧洲期间，我有了与许多感兴趣的朋友们进一步私下讨论有关主要问题的机会。我发现负责的官员们对美元 169
当时面对的危机感到十分困扰，但他们认为这是西方共同的问题，所以决定与我们合作，一起谋求解决。他们觉得，美元危机主要是国际货币体系中深刻的结构性错误的一种征候。在此需要的并不是集中针对美元做抢救手术，而是要设法使国际货币体系本身巩固并重新焕发活力。不过，也没有一个国家打算在这样的事情上出头采取主动，而且全都希望关键通货国家，尤其是美国会发出带头的信号。

在我看来，下面转载的刊于1961年1月18日《纽约时报》的小埃德温·L.戴尔的文章，非常准确又敏锐地反映了当时欧洲货币官员的态度。

欧洲研究货币变革
共同市场国家考虑不同的世界体系

小埃德温·L.戴尔《纽约时报》专电

巴黎1月17日电——欧洲六国的财政部长和中央银行，已经

① “衰微中的黄金汇兑本位制”一文刊于《比利时皇家政治经济学协会评述》，No.272，布鲁塞尔，1960年6月，和《经济学问题》，No.665，巴黎，1960年9月。另见“欧洲经济一体化与货币政治”，刊于《政治经济学评论》的命名为《欧洲货币之复兴》的专刊上，巴黎，1960年。

开始一项研究，是否应该改变现在的世界货币体系，这个体系主要以黄金、美元和英镑为基础。

这表明他们跨出了重大的一步。过去一直存在着几乎是本能的反应，反对改变世界货币的建议。各中央银行尤其如此。

官员们强调：新的研究不一定得出现存体制非改不可的结论。但他们同意研究本身表明六国的立场已有变化。

六国政府愿意向公众宣告，这件事几乎与研究本身同样重要。欧共体或共同市场的六个成员国——法国、西德、意大利、比利时、荷兰和卢森堡的财政部长及中央银行行长，在荷兰海牙开过一周会议后，在新闻发布会上做了上述宣告。

170

提到了美元遇到的麻烦

美元近时遇到的麻烦以及美国黄金近时的巨额流失，显然是推动此次研究的主要动力。但许多专家早就指出，即使没有美元危机，不久也有必要进行货币体系的变革。

任何变革都必须在所有主要的贸易国之间达成协议，其中首先包括美国。但艾森豪威尔政府的财政部却总是不赞成改革的建议，部分的理由是对体制进行改革，看起来像是软弱的信号。

不过，有迹象表明，继任的民主党政府可能持不同的态度。假如真的出现了共同的愿望，谋求新的安排，则召开某种国际货币会议就可能成为做出这种安排的载体。

耶鲁大学罗伯特·特里芬教授的建议是讨论得最多的改革建议。扼要地说，他建议各国将它们的部分美元、英镑储备转移进国际货币基金组织。

基金组织会成为一种世界中央银行，就像各国有它们国内的中央银行一样。

在新的体系中，黄金可以继续起主要的作用，或者不再起作用。

虽说还要先做许多研究工作才能制定出新的体系并且达成协议。但很清楚的是，欧洲的某些关键国家至少是愿意聆听改革的建议了。

*　　*　　*

在美国。我写完这篇展望的同一天，生机勃勃的新总统正带着他能力空前的政府班子在华盛顿宣誓就职。虽然目前还不会对上面讨论的货币问题做出什么决定，也可以怀疑肯尼迪政府研究问题之全部复杂含义——政治、经济和金融方面之含义——的决心，但不能怀疑它的勇敢和向前看的精神。

这似乎也正是 1960 年 12 月 8 日我再次应邀去作证时国会经济联合委员会的态度。感兴趣的读者可以翻阅当天会议的《听证会证词》以了解我向委员会阐述的全文及随后生动而又极为友好的辩论。下面只引述我的陈述的结论部分： 171

> 国际货币体系的根本性改革已经贻误很久了，一度强大的美元在今天所遭遇到的迫在眉睫的威胁，更说明了改革的必要性和紧迫性，这两个问题紧紧交织在一起，而且应该一起处理。
>
> 可以采取的第一个也是最可行的办法是允许国际货币基

金组织从其成员国的中央银行接受储备保证金，就好像我们的联邦银行从本国的成员商业银行接受储备保证金一样。遵照基金会的规则，这些保证金可享有一种黄金－汇兑保证，从而有力地吸引各国的中央银行，并且使各中央银行不必再将现有的美元结余向美国财政部兑换为黄金。其结果是美国海外短期债务中将有半数会从现在的所有者转给基金会，从而不再不断地威慑我们行动的自由，无论是国内货币管理方面的，还是对外经济政策方面的。

这一建议可以很快实施，因为它在英国已经取得了关于货币体系作用的拉德克利夫委员会的一致赞同。

采纳这一建议，我们就赢得了时间，好与其他感兴趣的国家一起探讨并谈判国际货币基金组织宪章的较长远的改革，以便为我们的世界提供一种稳定而有活力的货币体系，使之适合我们时代的需要。①

结论。当然，实际地达成协议并得到贯彻施行的，不会完全按照本书所主张的如此激进的改革意见。假如这样以为，那是太莽撞了。

在这个重建国际货币体系的建议中最复杂的一个方面是工作职能与责任的分配方式，也就是在世界性权力机构——在此是指国际货币基金组织——与区域集团，特别是新成立的经济合作与

① 经济联合委员会就《当前经济形势及短期前景召开的听证会》，华盛顿，1961年，第233页。

发展组织(OECD)和欧洲经济共同体(EEC)之间的分配方式。在我原来发表于《国民劳动银行季刊》(意大利)的论文[1]，以及我以前写的一本书《欧洲与货币泥沼》[2]中，就强调过将庞大的责任分散化的需要，否则此处所建议的改革就把责任全加诸于国际货币基金组织了。

经过近时对本书中所提各种建议的讨论，我更清楚地看到这 172
样一种多元的结构是符合需要的。反对这些建议的最头头是道的意见，从根本性质上讲是政治的而非经济的或金融的。譬如，主要的储备持有者表示怀疑，把一个单一、集权而且是世界范围的保证金系统委托给国际货币基金组织，也就是把如此巨大的资源完全交给臃肿而且异质的机构去处理，会有什么结果。而在另一极端，欧洲经济共同体各中央银行的领导人又竭力反对朝着欧共体储备基金会的方向做任何变动(见前面的第158—162页)，他们错误地以为，建立起这样的基金会一方面会使六国通货间现有的有生机的纽带松弛，另一方面又会使它们的通货与英镑和美元的联系变得松弛。

如果在我们所建议的国际货币基金组织及欧共体的改革之外，还在经济合作与开发组织的新框架内——那是把西欧、美国和加拿大集合在一起的组织——采取平行的行动，就可以减轻这两类忧虑。这种平行的行动会使美国与加拿大进入欧洲货币协定，并且会使该协定沿着本书第138—149页所建议的路线有相当的

① 特别请参阅前面的第136页和第146—149页。

② 特别请参阅该书第257—266页及第302—304页。

改进与加强。

在现在这个特别的时刻，对问题谈得更深更细是没有什么用处的。在本书排版印刷至到达读者手中的几个月中，我在今天做
173 的任何预言，或者会变成历史的陈迹，或者——也是可能性更大的——被历史所遗忘，或者不过是一位孤僻的教授从他的象牙之塔里透过斑斑点点的玻璃窗窥视世界时，用梦想编织而成的任何东西。

174

七、将会发生什么样的事情？

刊登于伦敦《经济学家》1960 年 12 月 24 日圣诞节号（第 1325—1326 页）的下引文章倒可以给这个未完成的故事以一个合适的未来学的结局。

彩虹何处是尽头？

> 依靠巧妙的努力，《经济学家》觅到了珀尔·杰可布逊博士在十年前写的回忆录，其中的第四章“1961 年的神来之笔”相信是大家都感兴趣的。

用坚决主张稳定货币的韦林顿公爵的话来说，叫作：该死的，事情真赶巧了。因为肯尼迪总统就职而暂时平息的美元投机，在 3 月份突然又再次爆发。导火线似乎是通用汽车公司开价收购英国汽车公司。英国政府批准此举的条件是连英国铁路也一起买去。这对英国固然是好事，却把美国逼到了黄金储备不足 160 亿

美元的境地。窖藏在美国金库里的黄金不足世界黄金 2/5 的事实,自然动摇了美元价格稳定性的信念。

没有多久,人们原有的对伦敦黄金市场管理的并不确切的理解,就再也顶不住这种压力。黄金的美元价格飞涨,到 4 月 1 日达到了每盎司 49 美元。这一次就不那么容易再次控制住事态了。全世界的投资者本来因为股票增长得特别快,红利被削减而灰心丧气,现在回过头来又恢复了古老的习惯:买进黄金。

显而易见,该做点什么事。经济学家们挺身而出,在斐济召开了一次会议,想解决这个问题。会后一直到过完复活节假期,他们编写了经过深思熟虑的万言意见书,指出基本上不存在什么问题。但在一篇代表少数派意见经过缜密讨论的报告中,拉尔夫·霍特里爵士则将当前的麻烦与 1949 年的英镑贬值等量齐观。

然而汇兑与金块市场仍然沸腾如潮。塞缪尔·蒙塔古甚至在考文垂开设了一个招聘办公室。到 6 月,国际货币基金组织的全体董事一致同意,停止召开当年的秋季例会。市场才算长长喘了口气,稍稍放下心来。不过,没隔多久,一个在英国海沃兹希思偷听国家节约理事会会议的人却做出报道,有人对金平价和基本的不均衡问题举行过一次神秘的讨论会。在进一步发现曾有 15 位斯金纳教授这样的人曾在车站旅馆登记住宿后,最糟的猜测又得到了证实。

所以,世界货币体系似乎终于要在那个惨淡而多雨的夏天寿终正寝似的。全世界最优秀的经济学智囊,最杰出有实际经验的银行家,都殚精竭虑、苦苦思索;但是没有一个人能找到脱出投机者掌握的良策。私下里越来越多的人开始认为摆脱投机者的唯一办法是向他们投降，随他们去兴风作浪。至于在斐济晒黑了皮肤回来的专家们却用自己也一筹莫展的问题去刁难自己的学生：“试用 500 字谈谈在你看来可制止由美元逸向黄金的最好办法。”这样的问题使课堂讨论活跃非凡。但出于那种创造历史的偶然巧合，其中一位叫作乔·普莱思的作业，却起了意想不到的作用。

这全因为普莱恩先生有一天晚上将自己的作业与他的身为财政部海外金融司负责人的父亲进行了讨论。一连两天，老普莱恩都没有什么动作，然后，纯粹出于试探性质，他用这份作业给财政部长助理呈送了一份备忘录。在正常的情况下，我可断定，事情就会到此为止了。但这位部长助理碰巧是在任联邦储备局主席加尔布雷思教授早年的一个学生；他心血来潮地想，不是从官方的而是从学术的角度考虑，把自己一个下属的儿子的无疑是天真而单纯的书生气想法转告给老师，还是可以的。所以在 7 月 7 日星期五，他复制了那段文字航空寄向教授的家中。

但是，谁能忘记接下来的那个星期一呢？它不仅是对世界公众，而且对从财政部官员到中央银行行长的所有金融界，都是一声晴天霹雳。它以美国财政部代理人纽约联邦储备银行一则简短文告的形式出现：

> 近几个月来，由于市场力量在不屈不挠地施加压力，要使黄金卖更高价格，人们一直表示怀疑，美国联邦储备局是否继续执行其政策，按 35 美元一盎司的价格买卖黄金，联邦储备局无意与市场势力作对。所以，从即刻起，它按 35 美元一盎司的价格，或按任何其他价格买卖黄金。完结。

就用三句话，联邦储备局取消了黄金的货币资格。金融市场给它震蒙了，事情大得人们无法理解。待到他们开始理出了头绪，又马上看到了由我本人为国际货币基金组织起草的一份文告：

> 纽约的联邦储备银行今天宣告，它已终止接 35.08 $\frac{3}{4}$ 美元卖黄金给中央银行并按 34.91 $\frac{1}{4}$ 美元从任何来源买进黄金的保证。基金组织赞同这一步骤。不过，作为一项临时性协定，直到 1961 年 12 月 31 日以前，基金组织将在一定差价的情况下接替联邦储备银行的义务。它将按 35 美元不收佣金的价格只从成员国的中央银行购买黄金，成员国得到的则是可在所有国际支付中使用的保证金存款；它还将愉快地按 35 美元外加佣金的价格向任何人销售黄金。超过 12 月 31 日就不再履行购买黄金的义务。

于是，正像经济新闻编辑很快解释的，任何持有黄金的人最好早点卖掉它。只要这个人所在国家的中央银行还愿意充当公众与国际货币基金组织之间的中介，在 6 个月之内黄金仍有 35 美元左右的价值。过年之后，黄金就只是一个商品，那时黄金还值多少，就要由繁忙的电话像确定任何商品价格一样地决定其价格了。

对于这一项新发现，也不是每个人都喜欢的。苏黎世的救护中心不得不开展急救护理。疲惫不堪的大夫们喃喃地说：“休克，又一个休克。”科威特决定推迟其为各地阿拉伯人提供新退休金的

计划。其他国家则发现它们的难题有了答案。在印度，农民们已
经把黄金送进银行去了；短短三天时间，财政部长就宣称，印度政
府在国际货币基金组织里已经有了足够的保证金存款，它的三年
计划已经无需任何外援。法国银行也一样，从本国老百姓那里发
177 了一笔横财。戴高乐将军克制住了生产正式氢弹的最初冲动，选
择了一个伟大的计划：按法国社会服务的标准与阿尔及利亚实现
完全的一体化，并且也受到了全体穆斯林的欢呼。

自然也有一定的问题。因为最重要的出口商品无情贬值，南非如遭雷击；它自然不反对将它的所有的黄金都卖给国际货币基金组织，但它怎么可能在 6 个月内把约翰内斯堡产金高地内的黄金全挖出来呢？为此，基金组织做出了特殊的安排，唯一的条件是南非要放弃种族隔离；而经过一次政变，南非体面地接受了这一条件。受到沉重打击的另一产金国俄国，对此问题斟酌的时间要长些。基金组织在此不过是询问俄国是否愿意成为一名成员国，而且遵照第Ⅷ条，终止在通货支付方面的一切限制。那些共产主义的老卫士们激烈地反对；但是赫鲁晓夫先生说的“难道我们要让资本家们使我们价值以百亿美元计的黄金化为粪土吗？”占了上风，并且在同一天宣布了一个决定，割让一千平方英里的蒙古沙漠给中国。令人难以置信的是，连瑞士也决定舍弃传统，加盟国际货币基金组织，只有两个州决定成立它们自己的中央银行，因为黄金在它们的资产负债表里从来也没有具有过迄今为止按盎司计算的确定价值。

国际金融界的这次革命自然一举改变了国际货币基金组织的地位。有位评论者写道：“现在基金组织和成员国中央银行的关

系，就好像是联邦储备银行与其成员银行的关系”。有可能事情有点早熟。无论如何，基金组织在公众心目中成了新的支撑点，而且巩固了这个地位。用俗话来说，趋之若鹜得就像赶浪头。作为对强大压力的答复，我个人同意再次任职为主席和总经理。最近还十分有幸成功地劝说克罗默爵士放弃要接受英格兰银行行长职务的诺言，再回到原来担任的基金组织常务董事的职务，它现在已是不可多得的肥缺了。

我们自然也长大到了连新的大楼也容纳不下的程度。开始时，人们想西迁，搬进建造在诺克斯堡上的玻璃建筑物中去。原先来访的财政大臣们见到建筑物上的金条就会觉得放心，因为照他们的想法这是他们在国际货币基金组织的保证金安全之所系。但
是这样一种过时的想法很快就失去了吸引力。在最近举行的一次 178
年会上，因为国内要求减少预算开支而感到强大压力的英国董事就指出，以不低于一盎司 2.50 美元的价格可以从牙医生那里搞到黄金，会议当即决定，腾出整块地方来偿还公众的债务；将诺克斯租借给感激不尽的美国国防部用作地下核试验场地，还可每年得到一笔收入。世界清偿能力的基础就此与它的黄金锁链彻底分了家，能力的大小改由伦敦学派经济学家肯德尔教授免费提供的水力学计算法来决定。

所以，可能是拯救了西方世界经济的这次手术，算是奏响了它的凯歌。对于想从事务中学习的人来说，有两条极为显著的教训。第一条涉及使改革得以发生的契机。我记得很清楚，某个欧洲中央银行的一位名不见经传的总裁几年前对我说起过，在当年的海沃兹希思会议上，曾有一位不那么老于世故的代表提出过与框架

相同的建议。“您猜怎么着？整个会议厅都放声大笑。”各个中央银行全都拒绝合作；它们宁可吊死在黄金树上，那是由历史赋予了价值的东西，它们不愿意与它分手，换取一张记进国际货币基金组织账册的用打字机打出来的入场券。在全世界人的眼里，情况也一样，钱该是固定而且不变的某种事物。

然而也正是在这些年里，塞耶斯教授和英国的拉德克利夫委员会却一再提醒公众，货币不是别的，不过是人们选定丁要接受的那个。在国际上也是如此。这就是我说的第二条教训，对那些对此有怀疑的人，对那些觉得积极控制经济事件的进程，必定会因什么理由在国际汇兑的条件面前猝然止步的人，我只需说几个字：“请记住我们使黄金不具备货币地位的那一年吧！”

附言的附言 179

肯尼迪总统就职以后

（写于 1961 年 2 月 27 日）

肯尼迪总统《致国会的咨文：国际收支与黄金》（1961 年 2 月 6 日）与以前官方声明及政策中显示的观望与惊惶相比，给人以耳目一新的感觉。

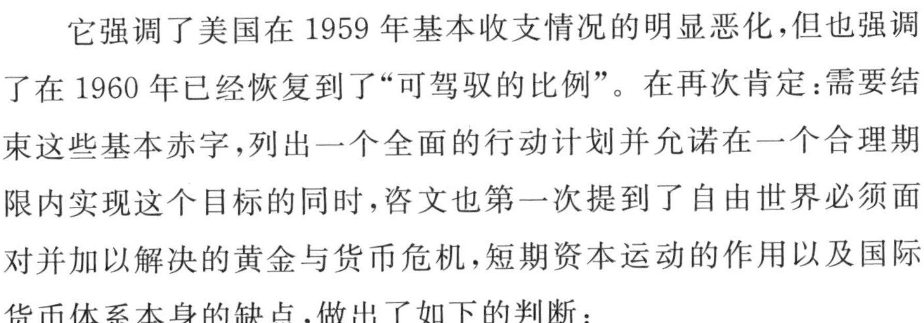

它强调了美国在 1959 年基本收支情况的明显恶化，但也强调了在 1960 年已经恢复到了“可驾驭的比例”。在再次肯定：需要结束这些基本赤字，列出一个全面的行动计划并允诺在一个合理期限内实现这个目标的同时，咨文也第一次提到了自由世界必须面对并加以解决的黄金与货币危机，短期资本运动的作用以及国际货币体系本身的缺点，做出了如下的判断：

> 需要有越来越多的国际货币储备来支撑自由世界各国之间贸易、劳务和资本的运动，它们的数量始终在增长。迄今为止，自由国家依靠的一直是增加黄金生产和持有更多的美元和英镑。在未来，再要完全依靠这些来源就不合需要或不适宜了。我们必须从现在起，与其他放贷国家合作，开始考虑国

> 际货币机构——尤其是国际货币基金组织——加强和有效地利用的方式，既要研究如何供应所需增加的储备，也要研究如何提供所要求的灵活性，以支持健康而且增长的世界经济。所以我已指示财政部长及时开展以此为目的的研究。

在咨文的另外几段中也提到了在国际货币与金融体系的重建中，与国际货币基金组织联合在一起的经济合作与发展组织会起的作用：

> 美国必须起带头作用，协调世界上各个工业国家的金融与经济政策，以实现增长与稳定。这些国家的经济行为明显地影响着世界经济的进程以及国际支付的趋势。

而在后面又说：

> 我诚挚地请求参议院早日批准美国成为经济合作与发展组织的成员。西欧的工业化国家、美国和加拿大将联合于这个组织之内。它对于在合作基础上援助自由世界中的发展中国家，具有极其重要的意义。它也将提供一个坚实的框架，我们可以在其中就金融与货币政策进行深入而经常的国际磋商，找到必须推行的政策以便在国际支付地位中实现并维持较好的均衡。

在 2 月 20 日发表的《美国国际收支形势备忘录》也阐述了这

一点，并且采用了不同寻常的强有力的语言：

> 我们正处于北大西洋联盟历史中创造一个新阶段的前夜。我们有新的使命，而西欧在 20 世纪 50 年代的恢复又给了我们以新的资源。我们能加以运用的资源合在一起，要比大战刚结束的岁月里所拥有的大许多，而且它们在我们中间的分布也比当年的更为合理。
>
> 为了完成这些新使命，我们必须认识到在所做的一切事情上我们都是相互依赖的；而且我们共同的负担也必须按各国人民认为公平的方式分摊……
>
> 此外，我们还必须就美国从第二次世界大战结束以来一直遵循的一个原则达成共识。这个原则认为任何一个国家持续不断地积累黄金和其他国际储备都对国际社会有破坏作用。特别是在今天，贸易的扩充远快于黄金的生产，我们必须学会在共同的基础上运用我们的储备，认识到一个国家的得只能是另一个国家的失。
>
> 美国政府正是根据这些原则来看待手头的特殊事物：亦
> 即自由世界国际收支形势中一直在发展的不平衡现象。当前 181
> 形势的特征是某些国家持续的基本赤字以及另一些国家待续的基本顺差。这已导致了外国流动美元持有量的增加，而且在近几年已经导致黄金从美国外流，结果减少了美国的储备……
>
> 我们共同的任务是要为联盟设计一种储备政策，它要能够一视同仁地认识到顺差和逆差国家的责任……

这些都是勇敢的新词句。它们现在正等待着其他国家和我们一起来实施。虽然是静悄悄而且非正式的，珀尔·雅各布森已以官方身份发动了在国际层面上的探索。他在前几天访问了国际货币基金组织的执行理事会，考察国际货币基金组织的政策、章程与可能的变动。

在我看来，通过这些讨论，几乎肯定会产生实质性的进展。主要的问题是由此得出的决策，对于进一步的调整，究竟是开启还是关闭了大门，对于国际货币体系的历史进化（这是体系在迅速变革的世界中生存与发展所不可分离的），是促进还是扼杀。

图书在版编目(CIP)数据

黄金与美元危机：自由兑换的未来/(美)罗伯特·特里芬著；陈尚霖，雷达译.—北京：商务印书馆，2024
(汉译世界学术名著丛书：120年纪念版：珍藏本：增订本)
ISBN 978-7-100-23836-6

Ⅰ.①黄… Ⅱ.①罗…②陈…③雷… Ⅲ.①美元—自由兑换—研究②国际货币制度—研究 Ⅳ.①F837.126 ②F821.1

中国国家版本馆 CIP 数据核字(2024)第 112335 号

汉译世界学术名著丛书
(120 年纪念版·珍藏本·增订本)
黄金与美元危机
自由兑换的未来
〔美〕罗伯特·特里芬 著
陈尚霖 雷达 译

商 务 印 书 馆 出 版
(北京王府井大街 36 号 邮政编码 100710)
商 务 印 书 馆 发 行
北京新华印刷有限公司印刷
ISBN 978-7-100-23836-6

2024 年 5 月第 1 版 开本 710×1000 1/16
2024 年 5 月北京第 1 次印刷 印张 13½
定价：75.00 元